现代企业管理与创新模式研究

杨 帆 著

北京工业大学出版社

图书在版编目（CIP）数据

现代企业管理与创新模式研究 / 杨帆著 . — 北京 ：
北京工业大学出版社，2021.9
ISBN 978-7-5639-8093-2

Ⅰ . ①现… Ⅱ . ①杨… Ⅲ . ①企业管理－创新管理－
研究 Ⅳ . ① F273.1

中国版本图书馆 CIP 数据核字（2021）第 212266 号

现代企业管理与创新模式研究

XIANDAI QIYE GUANLI YU CHUANGXIN MOSHI YANJIU

著　　者：杨　帆
责任编辑：张　贤
封面设计：知更壹点
出版发行：北京工业大学出版社
　　　　　（北京市朝阳区平乐园 100 号　邮编：100124）
　　　　　010-67391722（传真）　bgdcbs@sina.com
经销单位：全国各地新华书店
承印单位：定州启航印刷有限公司
开　　本：710 毫米 ×1000 毫米　1/16
印　　张：11
字　　数：220 千字
版　　次：2021 年 9 月第 1 版
印　　次：2022 年 8 月第 1 次印刷
标准书号：ISBN 978-7-5639-8093-2
定　　价：65.00 元

版权所有　翻印必究

（如发现印装质量问题，请寄本社发行部调换 010-67391106）

作者简介

　　杨帆，女，1982年2月出生，市场营销专业，硕士研究生，讲师，工作于河南工业职业技术学院，研究领域：企业管理、人力资源管理、市场营销。出版管理类论文30余篇、教材10余部，主要作品：《中小民营企业薪酬管理探析》《全媒体出版的整合营销转向研究》《农产品市场风险应对策略研究》。

前 言

随着全球互联网应用的快速普及，以互联网为平台的开放式创新已成为企业创新的发展新范式，我国正在实施国家高度的"互联网+"战略，开放式创新模式在企业中的应用越来越广泛。目前我国大部分企业，尤其是中小企业缺乏核心能力及核心技术，这是不争的事实，但比技术问题更严重的是管理问题。目前，制约我国企业健康发展和持续成长的主要内在因素是管理薄弱、滞后和混乱。许多企业以往的增长，主要依赖外部的市场机会，随着互联网浪潮的兴起，一些企业又为"风口"所吸引，致力于商业模式的颠覆，注意力也不在管理方面。当外部环境发生变化，企业需从机会成长转向体系成长时，加强管理的重要性和迫切性就显现出来了。

本书第一章为现代企业管理概述，分别介绍了现代企业的规模管理、现代企业的团队建设管理两个方面的内容；本书第二章为现代企业高效管理思维的建立原则，主要从七个方面进行了论述，依次是目标原则、计划原则、承诺原则、坚持原则、说服原则、赞美原则、准备原则；本书第三章为现代企业管理的策略，依次介绍了三个方面的内容，分别是现代企业客户关系管理策略、现代企业公共关系管理策略、现代企业后勤管理策略；本书第四章为现代企业创新框架的建设，依次介绍了两个方面的内容，分别是现代企业创新框架概述、现代企业创新框架建设步骤；本书第五章为现代企业创新的风险，依次介绍了三个方面的内容，分别是现代企业创新风险概述、现代企业合作创新风险案例分析、现代企业采用链风险案例分析；本书第六章为现代企业的开放式创新模式，主要介绍了六个方面的内容，分别是开放式创新模式概述、开放式创新模式在企业创新中的应用、开放式创新模式开放度问题、开放式创新模式应用的建议、中小企业商业模式的创新、开放式创新模式实践——以南方报业的"核变"为例。

在撰写本书的过程中，作者得到了许多专家学者的帮助和指导，参考了大量的学术文献，在此表示真诚的感谢。但由于作者水平有限，书中难免会有疏漏之处，希望广大同行及时指正。

目 录

第一章　现代企业管理概述

随着经济的高速发展，越来越多的企业不断涌现，企业的管理显得越来越重要。本章从两个方面介绍了现代企业管理概述，分别是现代企业的规模管理、现代企业的团队建设管理。

第一节　现代企业的规模管理

我们都知道，物体的面积随着直径的平方增加而增加、体积随着直径的立方增加而增加。当物体的直径从 2 增加到 3 再到 4 时，物体的体积从 8 增加到 27 再到 64，而物体的面积只从 4 增加到 9 再到 16。

几何学的这条基本定律对管理具有重要意义。这意味着企业的规模、结构和战略是密切相关的，不同的规模需要不同的结构、不同的战略。同时也意味着规模的变化不是连续的，但是当它们成长到一定程度时，企业就会经历一次"进化飞跃"，实现"真正的转型"。

社会组织的结构可能过于庞大和复杂，无法为其规模制定一个简明的量化公式。但是，在组织结构上，社会的"体量"增长速度远快于社会的"面积"增长速度。因此，社会组织的"权重"增长速度会快于支撑结构的增长速度。社会组织规模的变化不仅仅是"量变"，而且是"质的变化"，所以肯定会存在"适当的规模"和"不适当的规模"，一些组织规模太大而无法正常运作。物体的面积和体积变化规律意味着规模和复杂性之间存在着不可避免的关系。组织规模越大，组织中的大部分与外部环境的距离就越远。因此，它更需要专门和复杂的机制来供应组织的必需品。复杂性也有一定的限度，一旦超过一定限度，无论组织架构设计多么全面，都不足以支撑其复杂性。

组织的规模有一个最小值。无论组织管理得多么好，但如果规模长期超过极限，一个组织就很难实现繁荣。因此，我们必须假设规模和复杂性是"业务目标"，与所有其他目标一样，并非所有"业务目标"都在企业内部高级管理人员"控制之下"。从这个意义上说，"理想"就是"理想"。为企业实现"规模合适"的企业主要管理人员需要仔细思考以下五个方面。

①管理规模的大小，即规模本身需要管理。"大的规模有多大？""什么是'适当'的规模？""一家企业规模多大会陷入衰退？""企业的规模对企业的战略意味着什么？"

②企业复杂性和多样性的管理。"什么程度的复杂性被认为是复杂的？""有多复杂才算'太复杂'？""复杂性的基本要求是什么？"家族企业的局限在企业复杂性话题中的个体难题，值得探讨。例如，"家族企业能否长期持续经营？""家族企业的规模能不能突破最小值？""家族企业的时间和规模有什么限制？"

③跨国企业是最复杂的企业组织。在复杂性方面，跨国企业是讨论复杂性问题的特例。因为除了规模、市场、产品和技术的复杂性之外，跨国企业还面临着文化问题的复杂性，以及多元政治与政府关系的复杂性和多重因素相互制约的复杂性。

④管理企业的变化和成长。"企业内部高级管理人员会在多大程度上调整企业变化和成长的特征、结构和行为？""企业内部高级管理人员应该做哪些准备和努力来应对企业未来的变化和成长？"

⑤管理创新本身就是一个主题。与达尔文共同发现进化原理的阿尔弗雷德·拉塞尔·沃莱特曾说过一句很有见地的话，"人是唯一可以有目的地进化的动物，人是制造工具的。"这句话的内涵是人类和人类社会组织都可以"创新"。事实上，在不断变化的环境中，人类的生存能力取决于他们的创新能力。

第二节 现代企业的团队建设管理

一、团队建设概述

（一）团队建设的概念

团队建设是指为实现团队绩效，最大限度地提高生产力而进行的一系列结构设计和企业内部工作人员激励等优化团队的行为。团队建设的主要形式是建立自主管理小组，每个小组由几名企业内部工作人员组成，小组的主要任务是完成全部或部分工作。

（二）团队建设的内容

在团队建设过程中，团队成员应保持有效沟通，共同改进产品和服务，并处理日常工作中遇到的疑难问题。整个过程所有参与者必须相互信任，真诚地对待彼此并对工作表现出十足的热情。团队主要负责人在组建团队时需要注意灌输团队精神。团队精神是集体意识和协作精神的综合体现。团队精神的形成取决于对个人兴趣和能力的尊重，以共同努力为核心。团队精神的最高水平是个人关注和集体关注的统一，这将促进团队的高效运作。

1. 目标的确定

团队目标是团队建设的重要内容，没有共同目标的团队就会像一盘散沙，无法集中力量完成工作任务。一般来说，优秀团队在确定目标时，可以按照以下几个步骤进行（表1-2-1）。

表1-2-1　团队目标确定的步骤

标准	具体内容	举例
Specific	确切的目标是什么？	未来1个月内完成业务量
Measurable	如何评估进展结果？	未来1个月内，平均每周成交量在3份以上
Accepted	如何被成员所接受？	团队成员是否认可这一目标
Realistic	是否可以实现？	从历史表现来看，周平均业务量为2.5册，上述目标可以实现
Time-based	时间期限是多久？	1个月

①列出符合SMART标准的目标。
②列出目标能够带来的好处。
③列出完成目标会遇到的困难。
④预估完成目标所需要的各种条件。
⑤确定目标完成的日期。

2. 团队精神

团队精神不同于集体精神，强调团队成员的主动性。一个优秀的团队应该是所有成员可以共同学习知识和技能，实现共同目标的地方，不需要所有成员在其操作中保持一致。

3.特质分析

一个优秀的团队，必须要表现出一些共性的特质。一般来说，优秀团队的特质主要有以下几个方面（图1-2-1）。

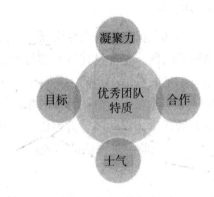

图 1-2-1　优秀团队的特质

（1）凝聚力

一个优秀的团队必须有一个强大的凝聚力。只有当所有团队成员齐心协力，朝着同一个方向和目标努力时，他们才能够高效地工作。

（2）合作

团队由众多成员组成，而团队的实力也不仅仅是每个成员实力的总和。密切的合作使团队成员可以利用自己的优势和专业知识，创造出大于所有成员个人实力总和的协同效应。

（3）士气

没有士气的团队就是战斗力低下的团队。一个士气高涨的团队不管在什么情况下都能克服各种困难，立于不败之地。

（4）目标

一个优秀的团队，每个成员都可以以团队兴趣和团队目标为己任，并以团队利益为重。如果团队中的每个人都追求自己的目标和利益，团队就会逐渐瓦解。

优秀团队需要达到以下几个统一（图1-2-2）。

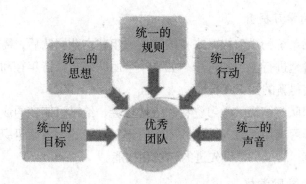

图 1-2-2　优秀团队需要达到的统一

（三）团队建设要素

从组建团队我们可以看出团队是否具有持续改进的潜力。团队建设是关系到企业生存和发展的重要事件。企业是一个大团队，这个大团队的效率取决于其中下属的小团队，无论团队多小，以什么形式形成，它都需要某些建设要素。

1. 优秀的组织领导

事实上，这不仅仅是一个小团队的建设要素。优秀的组织领导对于任何组织来说都是必不可少的。如果企业主要管理人员想让他的团队更强大，并让团队成员积极主动地发挥作用，必须首先选择一个所有成员都认可的组织领导。

一般来说，优秀的组织领导不仅需要有杰出的专业能力，还要有良好的管理能力。组织领导可以利用他们的专业能力，有力地促进团队成员一起前进。同时，他们也可以利用自己的属性来吸引与自己更接近的成员。作为组织领导，显然，仅仅依靠管理团队的力量是不够的。一个优秀的组织领导有他自己的管理方式，他们不仅带领企业内部工作人员前进，也让企业内部工作人员最终完成团队的任务和目标，从而使成员们的能力也得到提升。

2. 互补的成员类型

在组建团队时如果企业主要管理人员想确保自己的团队更有效率，组织成员的选择非常重要。一些企业在组建团队时会选择几个优秀的成员，但是在将所有人都纳入团队之后，每个人的表现却没有以前那么好。

在组建团队时，互补成员的选择是团队有效运作的基础。这种选择一方面体现了团队成员的人格完整性，个性互补可以让团队的气氛更加融洽，而另一方面能力互补会让团队的能力更加全面。

3. 系统的学习提升

团队依靠系统的学习提升来持续改进。组建企业团队后，需要作为一个整体，循序渐进地进行学习和进步。如果一个团队想要保持年轻和活力，团队成员应该不断获得新的知识和技能。

一方面团队应该提供学习资料和进修机会，给尽可能多的成员报销书本费和培训费等学习费用。另一方面，团队应建立自己的学习型组织，通过定期培训和讲座交流，为成员提供先进的知识和技能。

4. 合理的激励考核

想要让团队保持长久的活力，就要在团队中引入竞争机制。具体来说就是通过一些考核评定，来优胜劣汰、奖优罚劣。

激励考核一定要形成完善的制度体系。如果考核评定有失公平，或者存在漏洞，就会严重影响团队成员的积极性，对团队发展起到负面影响。

组建企业团队就是设计复杂的系统。优秀的团队需要杰出的领导者，也需要有长远的发展愿景和明确的作战目标，并通过完善的激励考核体系和系统的学习，帮助团队成员提升自我。这样才能提高整个团队的战斗力，为团队提供更高的能力总和，产生更高的经济效益。

二、团队建设管理制度

（一）团队建设管理内容

关于团队建设管理内容，我们先看下面一个案例。

王赫是某企业的管理人员，他是刚从一线工作人员中提拔上来的，而非正经管理学"科班"出身。因此，王赫对自己团队的建设有些一筹莫展。

一个月后，王赫发现自己团队的业绩很一般，而且有百分之六十的业绩都是自己拿到的。开会时，企业老总看着王赫的报告直皱眉头："你的团队业绩在企业里面算倒数，可你的个人业绩却是企业里面的第一名，这是怎么回事？你的团队又不是只有你自己，还是想想办法，提高团队的整体业绩吧！"王赫被老总说得脸都红了，可他还是不明白，究竟应该怎样建设和管理一个团队。

对企业来说，团队的建设与管理是非常重要的工作。没有哪项业务是一个人能独立完成的，因此，不管是大团队的建设还是小团队的建设都是非常必要的。

针对团队的实际情况，各团队管理人员要做好以下几点（图1-2-3）：

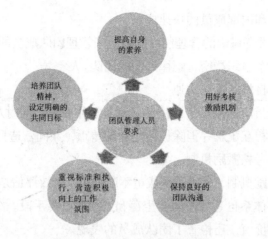

图 1-2-3　团队管理人员要求

第一，提高自身的素养。

每个团队的负责人，首先要负责团队目标的实现，要带领团队共同进步。团队管理人员需要明确，自己不但是执行者，更是管理人员。案例中的王赫就是没搞清楚这个疑难问题，作为一线人员，他是一名很好的执行者，但作为团队的管理人员，他却不知道如何管理一个团队。

作为团队的"领头羊"，管理人员的个人素养对团队建设与管理起着至关重要的作用。管理人员要做好团队的"领头羊"，不仅要以身作则，还要用平和与客观的态度对待手下的每一名工作人员，帮助他们共同进步，相互配合，全面提高团队素质。

第二，培养团队精神，设定明确的共同目标。

提高团队整体实力最重要的是培养团队精神。团队管理人员必须提出明确的团队目标，要求成员做好目标管理。如果团队没有明确的目标会导致其成员失去方向。

团队管理人员可以组织讨论和研究，让所有成员都知道他们各自在团队中的角色，这有利于在团队中创造集体力量，在一个地方思考并在一个地方努力工作。

第三，重视标准和执行，营造积极向上的工作氛围。

制度和规范是衡量团队是否走上正轨的重要指标，团队管理人员需要熟悉各种制度。团队管理人员可以给内部成员定义一个强大的系统规范，并从各种优秀的内部成员榜样中进行选择作为标准。这样既保证了工作质量，也能满足团队的长远发展和内部成员的快速成长。

事实证明，没有科学的管理制度和规范来管理团队成员的行为是不可能的，并且很难形成一个组织严密、纪律严明的团队。

第四，保持良好的团队沟通。

团队管理人员应向成员传达团队目标和工作要求，同时及时听取成员的意见和建议，促进相互了解并消除彼此之间的差距，共同营造良好的工作氛围。

第五，用好考核激励机制。

运用考核激励机制，激励团队成员不断进步。绩效评估是激励和一般测试，良好的绩效考核体系也是涉及团队生存和发展的重要手段。绩效评估不仅向成员展示了团队的价值，还检查了团队成员的表现。

（二）团队文化建设

在企业的团队建设中，文化建设是不可或缺的部分。展示团队旗帜、选择团队名称和口号都是帮助团队增强凝聚力的好方法。

团队文化的建设可以帮助成员建立共同的价值观，让每个团队成员都知道为什么要奋斗、如何奋斗、奋斗后能取得什么样的成果。

对此，企业团队建设的负责人需要采取切实有效的工作方法，例如培训等团队活动，增强团队的凝聚力和战斗力。在打造团队文化的同时，团队管理人员还需要提高组织能力，用自己的言行感染团队成员，彰显自己在团队建设中不可或缺的作用。

随着社会分工日益细化，个人单打独斗的时代已经成为历史，团队合作成为每个企业所提倡的要求。团队合作作为一种先进的组织形式，也越来越受到企业的重视。然而实际上，在团队建设的过程中，有几种类型的企业内部工作人员会蒙蔽企业负责人，使团队建设变得毫无用处（图1-2-4）。

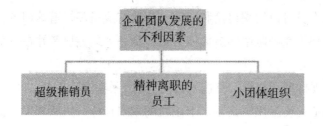

图 1-2-4　企业团队发展的不利因素

第一种，超级推销员。

团队实力之所以高于个人，是因为团队具有整体的行动能力、销售队伍和任务完成率。这就要求团队的成员要互补，每个企业内部工作人员都是不同的。正是因为这种差异，导致了超级推销员的存在。

超级推销员的具体表现是：个人能力强，能够独立工作。在团队中的整体表现上，超级推销员遥遥领先于团队其他成员。正因为超级推销员的个人能力很强，他们大多没有组织观念、纪律散漫，常常把自己当成团队中的英雄。

毫无疑问，超级推销员的能力是任何团队都需要的。在个人能力和团队纪律面前，企业领导者往往无法选择。在这种情况下，企业领导者最常用的方法就是放手。

然而实际上，超级推销员对团队的破坏力是巨大的。如果长期采用"囤货"政策，团队其他成员会愤怒和反感，也会破坏团队的凝聚力，引导团队向非团队发展，迅速瓦解团队组织。

超级推销员的工作能力与普通成员的工作能力存在明显差距。因此，他们需要正确的领导以及与领导全面沟通，才能融入团队。

从团队建设的角度来看，企业领导者应该把超级推销员作为团队的榜样，同时将他们的能力转化为团队的合力，让超级推销员能够认同团队的价值和价值观。

第二种，精神离职的员工。

企业内部工作人员的精神离职是团队中普遍存在的现象，具体表现为：工作心不在焉，无法认真完成自己的工作；在团队内工作时，他对别人的情况漠不关心，经常把自己的工作推给别人，对团队没有积极的影响，甚至耽误团队的整体效率。此外，这类企业内部工作人员上下班时间非常准确，几乎没有迟到，但不会加班。

对于这类企业内部工作人员，可以采用专业的沟通方式，运用团队的整体精神和愿景，改善其工作条件，运用激励手段等提升其工作积极性。具体方法包括安排假期、调整状态、制定激励制度等。

第三种，小团体组织。

小团体组织有两种。第一种是在一个团队中，往往有一些成员私下组成的小团体组织。这种小的团队，依然可以进行良好的日常行动，甚至可以提高团队效率，让团队朝着有利的方向发展。然而，这种情况也有弊端。如果团队管理人员轻信无能成员，就会造成优秀成员流失，降低团队效率。第二种是紧凑型非正式组织。这种小团体组织的愿景通常与整个团队的愿景背道而驰。随着小团体组织的增多，整个团队解体的日子也就不远了。

可以说，小团体组织的价值观普遍会偏离团队，破坏团队文化的建设。因此，在团队建设中消除小团体组织是非常必要的。

第二章　现代企业高效管理思维的建立原则

如何掌握高效的管理思维，开发个人及团队的潜力，是每个企业面临的问题。本章介绍了建立高效管理思维的 7 个原则，分别是目标原则、计划原则、坚持原则、承诺原则、说服原则、赞美原则、准备原则。

第一节　目标原则

一、目标的维度

目标的三个维度是：热爱、价值和才能。

为了明确企业主要管理人员的目标，企业主要管理人员需要更深入地了解自己独特的才能、技巧和激情，为自己、客户和组织创造价值。

（一）热爱

热爱是对某项工作毫无保留的激情。当我们热爱某项工作时，我们会持续不断地努力，会学习成长和提高所需要的知识。如果没有热爱，会让我们对工作感到空虚和不满。

卓越的核心就在于热爱。由于对某些事情的热爱，才有动力去克服困难，实现最大的希望、梦想和抱负。当我们被强迫去做自己所从事的工作，工作（work）就只是 4 个字母的单词。热爱是个人完成目标的关键组成部分，对于企业主要管理人员，可以通过回答以下 4 个问题找到答案。

①我喜欢做工作的哪些部分？为什么？

②我认为工作的哪一部分是最值得去做的？

③有关工作的，一直萦绕在我心间，不能忘怀的想法、希望、梦想或愿景是什么？

④我的工作的哪个方面，如果我不能够再去做，会使我的工作不尽如人意？

（二）价值

价值是客户或企业内部工作人员从与企业主要管理人员互动中获得的利益。价值可以被看作以一种有意义的方式，让人们的生活变得更轻松、更美好。价值不是某个企业提供的技术产品或服务，而是人们从使用该企业提供的产品或服务中受益。需要注意的是，也许企业主要管理人员对自己所做的事情充满激情，而且做得非常好，但如果客户或企业内部工作人员看不到，或感觉对他们几乎没有价值，那么这个企业的成功就处于危险之中。

企业主要管理人员明确目标需要清楚自己行为所创造的价值。完成结果通常比完成本身更重要。举个例子，当企业主要管理人员雇人去修剪家里的草坪，结果是除掉了杂草和得到一个整洁的院子。与此同时，还有一个更重要的关联结果：企业主要管理人员把做不太重要任务（修剪草坪）的时间转换成与家人共度的时光。因为将一项任务委托出去，把时间投资在家庭关系上，企业主要管理人员建立了一个重要的情感纽带。

以所创造的价值为先导，企业主要管理人员可以通过回答以下问题了解自身的领导能力。

①尽可能多地列出自己的角色所做的活动。

②每个活动至少列出两个结果。

③检查自己列出的活动和结果，哪一个或哪几个活动是与众不同的、有高价值的？

④列出自己做的活动中最有价值的 4 项活动。

⑤在职业生涯中，自己对客户、同事以及组织最有价值的贡献是什么？

⑥自己工作的哪些方面是与众不同的？是什么使自己与那些承担同样角色的同事有所区别？

⑦哪一部分工作，如果自己不再做，客户会感到极度失望？

⑧自己怎样才能增加为组织带来的价值？

针对以上问题，每个价值陈述都不应该提到企业主要管理人员如何帮助他的客户或顾客达到目标。企业主要管理人员应该明确表达的是如何提升业务增长率、减少企业内部工作人员流失、提高客户满意度等内容。一定要记住，人们不关心用什么工具来达到他们想要的结果，他们只关心最后实现的价值或结果。

（三）才能

才能使企业主要管理人员做出拥有高度差异化的东西。才能扎根于企业主要管理人员为客户提供的技能和专长，以及对企业主要管理人员来说最重要的人际关系。在许多方面，才能是进入社会工作的入场券，缺乏才能代表自己有职业局限性。

企业主要管理人员要回答"你擅长做什么？你的优势在哪里？"这两个疑难问题，首先要发现其在组织中做得好的事情是什么，如何有效地为自己的客户和企业内部工作人员提供服务。关于才能的思考可能会让企业主要管理人员发现"在某些方面，我可能是有才华的，但我对此没有激情"。企业主要管理人员可以通过下面 5 个问题来帮助其思考。

①我最重要的 5 个才能或技能是什么？

②我最感到自豪的贡献和成就是什么？为什么？

③在工作的哪一部分我受到的赞扬最多？

④我引以为傲的 5 项工作活动是什么？

⑤我打算精通自己工作的哪一部分？

明确了目标的 3 个维度后，企业主要管理人员可以思考目前为止对目标的见解。而这些见解正是企业主要管理人员领导能力精进的催化剂。

一旦有了目标的初稿，企业主要管理人员就要考虑这个目标是否适合目前的情况，可以花几分钟时间与自己信任和尊重的人讨论，如果企业主要管理人员足够勇敢，也可以与客户交谈，看看客户的反应和观点是什么。

二、目标的实现

（一）建立品牌和声誉

"是什么让你与众不同？"这可能是令企业主要管理人员难以回答的一个问题。企业主要管理人员并不能清楚地认识自己，他们往往更注重自己做得不好的地方而不是做得好的地方。同时，企业主要管理人员还面临着工作环境中的困境，他们被告诫要做得更多、更好、更快，价格要更便宜。

与众不同的关键并不是如何成为那些不是自己的人，而是以高度差异化的方式让自己的天赋和才能与重视这些的人保持一致。

这是一个非常简单的概念，没有复杂的科学道理。然而，企业主要管理人员的观点是他们必须满足客户的需求，而不是以他们能力之内最有效的方式进行工作。如果企业主要管理人员有相反的观点，就相当于将客户满意度和业绩表现抛诸脑后。

企业主要管理人员做到与众不同的起点有 3 部分：必须有一个有吸引力和令人兴奋的目标；必须理解并倾听客户和企业内部工作人员的意见；必须有不可动摇的自信。

在前面的内容中，我们讨论了每个人提供的热爱、价值和才能，接下来，将阐明企业主要管理人员最独特的信念及其重要意义。

下面是有人总结的几项价值观，值得我们借鉴。

①我相信爱让世界变得更美好。

每个主要的信仰传统都相信我们生活的世界是在爱的环境中创造的，我们有责任遵循这个信念。我相信爱是一个在企业界很少使用的词，如果不使用它，我们是在欺骗自己，欺骗我们的家人、我们的企业内部工作人员和我们的客户。

②我相信慷慨是一种源于感激的习惯。

我相信那些忘恩负义的人是不会慷慨的。慷慨可以是情感、精神或财务层面的。人们可以列出各项责任和义务，但真正的慷慨，是植根于慷慨的思维方式，给予奉献而没有预期回馈的乐趣。当我们并不满意我们拥有的东西时，我们会牢守所有拥有的东西，缺乏慷慨。

③我相信赠人玫瑰，手有余香。

我一生都非常幸运，反过来我相信，这是我的角色，我的责任，也是我的义务——与他人分享我所学到的知识。我不希望每个人都按照我分享的知识行事，但我确实希望他们能够持续分享成功的战略。

④我相信我们需要让"退休"这个词退休。

根据统计的数据，如果我 65 岁时能保持合理的健康状况，我将会活到 90 岁。我无法想象自己坐着休眠的状态，但许多人都认为退休意味着在接下来的 25 年内无所事事。我喜欢我所做的事情，只要我还在为世界做贡献，为什么要停下来？

⑤我相信我们需要停止将我们的信仰和价值观强加于他人的行为。

我们需要放弃黄金法则，并接受白金法则。黄金法则规定我应该以我想受到对待的方式去对待他人，而白金法则规定我会以他人希望被对待的方式对待他们。只要他们符合我们的价值观，我们就没有必要反对他们这样做。

⑥我相信我们正在成长或死亡。

如果我们不成长，我们就在走向死亡。如果我们没有学到新的东西或者不同的思维方法，我们就会衰败。是的，每天我都在生长或死亡。太多的人满足于生活在过时的思维中而不去挑战他们的想法、感受或信仰，这简直愚蠢至极。

⑦我相信每天都在体验美好。

无论是在艺术品还是在自然景观中，美好的事物都会充实、提升我们。我们每天都应该看到一些美好的事物，让它颤抖我们的灵魂，丰富我们的生活。它可以是普通的事物，像月亮倒映在水面上，太阳光透过一片叶子，或者是让某人一天变得更好的照顾或关心。

⑧我相信思维方式胜过技巧。

我相信因为思维方式被过去的问题所困扰，所以一些非常有才华的人永远无法发挥他们的全部潜能。他们的思维方式毁掉了发生在他们身上的一切。

⑨我相信人们生活在恐惧之中。

恐惧来源于过去的经验。被恐惧驱动的人太多了，我相信恐惧会扼杀所有的创造力。在我的生活中，我必须抛弃恐惧，因为它是我成长过程中很大一部分内容。

⑩我相信积极的意图。

有些人与我们互动，并不总是能够带来最好的效果。但我们应该假设这些人没有不良意图，并不是所有人都想着去占便宜。

⑪我相信同一个起点，而不是相同的终点。

我相信社会培养出了一种受害和阶级的观念。有些人认为他们的生活应该和其他人一样。而真实的情况是，就算自己能够参与进来也并不意味着自己与其他开始同样业务的人应该有相同的结果。我们每个人都有权获得相同的起点，但不是终点。

⑫我相信被压倒是一种选择。

当我们缺乏明确的优先事项、角色和期望；当我们不清楚对什么可以说是或不是；当我们没有把注意力集中在必须要做的关键的事情上时，我们会感到不知所措。通过做出一两个让我们能够感受到被控制的选择，可以有效地管理压力。

⑬我相信生活是用来品味的。

我相信生活可以是一场盛宴，然而大多数人都选择速食。当我们睁大眼睛看到我们周围的自然美景和有趣的人时，我们不禁惊叹于充满活力的生活。然而实际上，许多人只是在生存而不是品味生活。我认为这是一种可怕的生活方式。

让我们回到开头的问题，"是什么让你与众不同？"为了更清楚地了解是什么使企业主要管理人员与众不同，请花时间来思考这个问题：我相信什么？由此企业主要管理人员会清楚地认识自己，并且企业主要管理人员会将自己的信仰与有目的性和高度差异化的工作方式联系起来。

（二）领导能力品牌影响过程

每个企业都了解品牌的力量。品牌创造价值和忠诚，当品牌具有吸引力和独特形式时，它可以吸引更多客户产生深刻的情感体验。还没有被认识到的是：企业主要管理人员的个人品牌可以成为企业转型升级的催化剂。

变革型领导不再仅仅依靠企业品牌来指导他们的行为，而是开发自己的个人品牌。

领导能力品牌的影响过程有两个关键点，一是无论企业主要管理人员是否知道，其都拥有一个品牌；二是品牌对企业主要管理人员表现的影响力可能是正面的也可能是负面的。

1. 增强企业主要管理人员的品牌影响力意识

了解品牌影响力的起点包括写出他们认为最能描述自己领导能力的 4 个词或短语，不要花太多时间思考，简单地写下领导能力的精髓。举个例子，可以使用鼓舞人心、合作、周到和务实等词语。同时，可以让企业主要管理人员用 10 分钟的时间记录下他们想对重要的人产生的影响。

2. 明确人们体验到的品牌影响力

首先，企业主要管理人员需要创建一个名单，这个名单包括其信任和尊重的 8 ~ 10 人。他们可以是企业主要管理人员的同事、经理、合作伙伴、直接领导、前雇员或朋友。然后，企业主要管理人员要与名单上的人进行沟通，让这些人知道企业主要管理人员参与了需要坦诚反馈的领导能力活动。企业主要管理人员需要尊重这些人给出的意见。作为企业主要管理人员信任和尊重的人，这些局外人的视角对企业主要管理人员认清自己领导能力的影响是非常关键的。

沟通过程中可以请他们用 4 个词或短语来描述他们认为企业主要管理人员的领导能力对他们和他人的影响。这些词或短语可以是创新或鼓舞人心，也可以是踏实做事的态度等。

3. 明确他人对领导能力品牌的认识

这一步需要收集 32 ~ 40 个除上一步名单中人员以外的其他人对企业主要管理人员领导能力品牌的认识的词汇。仔细阅读这些词汇，排列并找出主题或规律。将相似的词汇或同义词汇集成一个描述性词汇，以便最清楚地表达它所代表的语气或感受。

这一步的主要目的是从其他角度阐明企业主要管理人员的品牌影响力，并将其提炼为尽可能少的词汇。这将帮助企业主要管理人员寻找其想要的和他人感受到的领导能力品牌之间的差距。企业主要管理人员预期品牌影响与观察员列出的品牌影响之间是否存在差距可以请企业主要管理人员从以下 5 个问题中得出。

①我的意图是否与我的影响一致？

②别人对我的看法与我的目标一致吗？

③我的品牌影响力描述词（包括我自己的和其他人提供的）是否具有独特性，还是仅仅是我的角色标准配置？

④我的领导能力品牌有什么优缺点？

⑤对形容自己的词汇感到兴奋，还是保持中立态度？

4. 明确想要的影响

在这一步中，企业主要管理人员会向所有提供反馈意见的人以及团队主要成员分享自己想要的影响。企业主要管理人员以真实而透明的方式展现他们对领导能力了解的内容，所获得的关于自身影响的见解，以及在未来将采取什么不同的方式来改进领导方法。

企业主要管理人员现在允许别人告诉他们，什么时候他们所做的与所说的不一致。他们不只是给予人们如实表达许可，还需要不断地向人们征求关于如何以强有力的方式建立领导品牌的意见。

5. 明确创建品牌影响力需要的行为

这一步将帮助企业主要管理人员明确需采用哪些行为来创建他想要的品牌影响力，下面对企业主要管理人员提出 3 个简单而重要的问题。

①我想以什么样的影响力而著称？

②如果我想以某种影响力而著称，为了创建我期望的影响力，我需要体现什么特质、特征、行为或价值？

③什么对我来说至关重要或不可妥协？

最后一步不是关于逻辑，更多是关于可能发生的事情。它植根于阐明企业主要管理人员对领导能力所产生的影响的最高期望、梦想和愿景。

这一步将转换企业主要管理人员搜集到的意见，并要求企业主要管理人员根据自己的见解在行为上明确自己将实施的内容。这一步至关重要，如果企业主要管理人员忽视这一步，之前的意见搜集将成为一个有趣的智力练习，不会引发任何值得注意或有变革性的事情发生。

最终的呈现状态就是真正见分晓的时刻。企业主要管理人员需要时刻关注如何沟通、委派、应对困难和不确定性，以及检验企业主要管理人员的影响力是否会鼓励人们购买其正在销售的产品。

一些成功地使用了这种方式的客户反馈说，这个过程对他们来说是变革性的，用别人看自己的眼光看待自己是必要的。他们还表示，通过这一过程，他们的工作效率提高了60%。

（三）"理想的一天"的实现方式

在之前的内容中，企业主要管理人员已经确定了自己喜欢做什么、擅长什么，以及能为团队和组织带来什么价值，也已经阐明了自己的信仰，知道了自己的独特之处，并且通过对其很重要的人的眼睛看到了自己的领导能力带来的影响。在这样的前提下，为了过上"理想的一天"，企业主要管理人员需要做3件事：追溯过去、重构未来、校准现在。

1. 追溯过去

企业主要管理人员必须能够直视过去的负面事件。如果企业主要管理人员选择关注负面事件积极的方面并提高自身的恢复能力，就会以积极的方式塑造其反应和行为。有时候这样做很困难，但追溯消极经历并将其重新转化为积极的经验，其效果是非常强大的，而且这个行为就在企业主要管理人员的掌控之中。

2. 重构未来

为了让企业主要管理人员对理想的日子抱有很高的期望，企业主要管理人员必须有梦想、愿望或重要的想法，并且已经肯定了这一想法。大大的梦想或愿望会让我们像一个赌徒一样把拥有的一切都押进去。当企业主要管理人员说"我会做到这一点"时，企业主要管理人员就已经确认了其想要的"理想的一天"。

3. 校准现在

企业主要管理人员重新校准现在，需要识别其不应该做的事情和应该做的事情。这一策略需要审视过去一个阶段的工作，有哪些成功了，哪些没有成功；什么东西能提升自己的表现和满足感；是什么给自己带来了希望，什么造成了焦虑；确定目前阻碍自己工作的事物，并尽可能去减少或消除它们，找到那些能帮助自己快速成长的东西。

如果企业主要管理人员能追溯自己的过去，重塑未来，并校准现在，企业主要管理人员就可以过其"理想的一天"。

第二节　计划原则

一、领导能力计划

在许多企业中，"计划"这个词常常会引起负面的反应，制定计划意味着烦琐的工作。很多人都认为做计划浪费时间，只有缺乏创造力和工作热情的人才会需要计划。同时，他们也会因为行程紧张、过度劳累和压力过大，想要去做更重要的工作等，便将制定计划从待办事项上划掉。人们认为相较于创造高价值、有意义、有趣味和变革型的工作方法，做计划就是在浪费时间。

我们可以用两种方法来思考"计划"这个词。

第一种方法是将其视为名词，表示项目。项目指的是规划和设计工作，以取得积极的成果。举个例子，它可以指一个研究项目。企业主要管理人员喜欢这种意义上的计划，因为它意味着有意义的工作正在开展，通过运用合适的项目管理技巧可以获得成功。

第二种方法是将其视为动词，表示向外扩展，超越了别的东西，就像电影投射到 50 英尺（15.24 米）宽的屏幕上一样。在这种定义下，计划与"在原始事物的基础上放大和拓展"是同义。

（一）计划的制订战略

实施以下战略可以让企业主要管理人员更快地获得成功并得到更高的满意度。

1. 从小事做起

当涉及变革型的工作时，人们遇到的头号疑难问题就是每天都在处理各种紧急状况，忘记了为实现自己的目标而做一些小事。这并不是说企业主要管理人员需要谨慎考虑想要实现什么或者能够实现什么，而是建议企业主要管理人员每天从小事做起，当不断重复去做这些小事时，它会帮助企业主要管理人员完成变革计划。

变革型领导计划也是这样的。为了取得成功，不要过于纠结改变某个具体业务方面的愿景，但是要在接下来的一个月或者一个季度的时间里，坚持不懈地做能够有助于实现成功的每一件小事。在这个过程中，企业主要管理人员可以实现多个胜利或成功，同时产生更高的紧迫感和专注力。

2. 思维方式

关于科学的思考模式，我们来看下面一个案例。

Claris 公司（苹果子公司）董事长休·布兰，是全球公认的绩效专家。他曾经在健身的时候，私人教练告诉他，相较于锻炼，他的体型更多的是由他的饮食决定的。健身教练提醒他如果他继续吃巧克力蛋糕、薯片和比萨，那么他做的有氧运动和举重训练是不会有效果的。他并不喜欢这种坏消息。变革型领导会仔细选择影响他们的思想、控制他们内心的对话。他们从来不会说类似"我没办法做到"的消极语句，他们会用"我非常聪明，肯定能知道怎么做"的积极的思维方式来取代消极的想法。这并不是盲目自信，也不是盲目乐观，这是非常务实和有效的做法，可以使企业主要管理人员更集中地思考取得成功的计划。

3. 制造焦点

当领导能力计划对企业主要管理人员来说很有吸引力时，企业主要管理人员肯定会把注意力放在上面，特别是当工作和生活一切顺利，没有任何紧急事件的情况下。但是当企业主要管理人员身陷各种麻烦之中，想专注在领导能力计划上就非常困难，这时就需要为企业主要管理人员的计划制造焦点。每天会有各种工作出现，打乱企业主要管理人员的工作程序，所以他必须有一个明确而有说服力的理由来完成他的领导能力计划。在开始策划领导能力计划之前，企业主要管理人员需要意识到事情的发展往往可能会与他的计划脱轨，很多人希望企业主要管理人员能按照对他们重要的事情，而不是企业主要管理人员自己认为的重点来设定优先事项。在这时，有一个坚定不移的焦点是至关重要的。

4. 创造空白期

我们生活在关系紧密的文化中，通过手机和邮件等与我们的同事建立联系。一项于 2015 年 4 月和 5 月进行的盖洛普调查显示：在非睡眠状态下，81% 的成年人随身携带智能手机，其中 80% 的人会每隔几分钟查看一次手机。这种行为让人们更加被动而不是更加主动。所以，有人建议在开始一天的工作和结束一天的工作之前都留出 15 分钟的空白期。在这段时间内，我们需要断开网络连接、保持掉线，盘点对于领导能力、团队和工作，自己的哪些行为是有效的，哪些是没有意义的。举个例子，我们可以在工作结束前问自己下面这些问题。

①今天我最满意的成就是什么？

②是什么帮助我取得了成功，我能够做什么来利用这一成功取得更大的成就和满意度？

③我今天哪一方面做得不够？

④具体哪一方面导致我今天不够成功，哪些模式或主题需要我格外注意？

⑤明天我会在哪些方面做出改进？

⑥明天我需要做什么才能取得成功？

5. 聘请教练

现在，运动员、音乐家和 CEO 都需要有教练或老师。教练是讲真话的人，他们能告诉我们需要注意的东西。没有第三方的观点，我们可能会一直以带有偏见的视角看待问题。如果没有教练，我们没有办法告诉自己逆耳的忠言，也不可能实现快速和稳定的提高。领导并不是一项单独的活动，要成为一个企业主要管理人员必须有下属。企业主要管理人员也需要有一个人能告诉他们事实，为他们提供一个局外人的视角和观点。因此，教练和导师可以成为其提升能力的加速器。

（二）计划的制订过程

很多时候，企业主要管理人员会因大量的日常工作需求感到手忙脚乱，进而忽略去激励企业内部工作人员努力工作。他们信奉成功的企业内部工作人员和成功的企业之间相互联系的想法，但他们并没有开发领导项目来使其发生。

领导能力强大的真相是企业主要管理人员会成为变革型领导。他们希望自己能做到最好，希望企业内部工作人员能够做到最好，周围都是变革型企业内部工作人员。变革型领导并不害怕聪明和有才华的企业内部工作人员。相反，对于身边环绕着聪明和优秀的人，他们是非常骄傲和无畏的。

变革型领导能充分认识到，变革型企业内部工作人员需要并寻求机会，以获得成长和发展。当工作变得过于重复并且结果变得可预测时，这种企业内部工作人员可能会寻找新的工作机会来发掘自己的潜能。

另外，软弱的领导会将自己与弱小的企业内部工作人员联系在一起。软弱的领导觉得他们不能被企业内部工作人员超越，他们害怕企业内部工作人员过于展示自己。因此他们更喜欢满足现状的，对学习、成长和创新并不感兴趣的企业内部工作人员。

企业主要管理人员需要明白，领导能力计划会帮助其发挥自己所学到的知识，使其成为强大的变革型领导。领导计划是内化和个性化企业主要管理人员所学到的知识的主要工具，也可以为其他企业内部工作人员指明需要遵循的途径。

需要强调的是，凭借着具有竞争力的目标、明确的承诺以及支持企业主要管理人员和企业内部工作人员付出全力的发展战略，领导能力计划不仅可以帮助企业主要管理人员完成商业目标，还可以为企业内部工作人员创造积极的生活影响，进而对企业客户的生活产生积极的影响。通过帮助企业内部工作人员过上更有价值和更丰富的生活，企业主要管理人员的计划将从枯燥乏味的任务转变为有价值的重要的事情。关于领导能力计划的制订，我们一起来看下面关于世界著名咨询专家休·布兰的案例。

有两位强大的变革型领导在早期的时候曾经指导过休·布兰对工作的想法，为他能够全力以赴地工作奠定了基础。第一位是他的初中教练大卫·利顿。在一次体育课上，大卫·利顿看到休·布兰用40码短跑击败了橄榄球队的跑卫。一般的教练可能会因为一个对足球没有任何天分或兴趣的瘦小子令他的明星队员难堪而感到受威胁，但是大卫·利顿教练没有这样觉得。他看到了休·布兰在短跑方面的潜力，并介绍休·布兰加入能够获得像他的明星队员一样成功的体育项目。当休·布兰加入赛道队后，大卫·利顿教练在身体和心理的训练上都给了休·布兰很多指导。他让休·布兰充分发挥了潜能，成就了最好的自己。

休·布兰的高中辅导员比利·詹姆斯发现他在与学校、朋友和家人相处方面遇到了困难。一天凌晨醒来后，她一直在思考如何能够帮助休·布兰适应新的环境，凌晨3点时，她给休·布兰写了一封5页的信，信中写道她在休·布兰身上看到的能力和善良。她把这封信称为"心灵无价"。比利相信休·布兰，在休·布兰身上看到了休·布兰还没有被发现的才华和能力。她远远超越了高中辅导员的身份，在休·布兰的个人生活和职业发展中留下了不可磨灭的印记。

大卫和比利为休·布兰灌输了当时亟须的信心、希望和乐观。35年后，他们在休·布兰心里埋下的种子已经有了深厚的根基。从他们身上休·布兰了解到，关心一个人是改变他思想的第一步。如果休·布兰没有感受到大卫和比利对他的关心，休·布兰不会接受他们对自己的教育和指导。

在繁忙而辛苦的生活中，我们可以做出与大卫和比利一样的选择。为那些仍处于黑暗中的可能性敞开大门，在绝望中种下希望的种子，给不确定和恐惧的心灵带来乐观和积极。如果我们坚持做这些事情，一个人的幸福感和希望会相应增加，带来更多的可能性和更大的潜力。

我们在工作中种下积极和希望的种子的那一刻，生产力和盈利能力就会相应增加。企业主要管理人员应该怎么做才能积极地影响他人？

①倾听。

大卫和比利通过仔细倾听来理解休·布兰的想法，而不是简单的回应。他们没有轻易对休·布兰的说辞和行为下结论，而是通过倾听来感受他的恐惧、期望、抱怨和顾虑。每一个青少年都希望他们能够被倾听和理解。当然，我们的父母也听我们倾诉，希望我们能快乐地成长，但是父母怀抱着太多对我们的期望，导致他们没法静下心来听我们说话，理解我们的感受。与大卫和比利聊天让休·布兰感到自己的想法被重视、被关心。

②诚信。

大卫和比利将他们的美德付诸行动中。著名的加州大学洛杉矶分校（UCLA）的篮球教练约翰·伍德曾经说过这样一句话："体育并不会塑造人格，它揭示人格。"这句话后来被引用到领导语境中："逆境并不会塑造人格，它揭示人格。"当休·布兰回想大卫和比利对他的照顾时，他毫无疑问地感受到了他们的忠诚和诚信，他们是高尚的、值得信任的。

③慷慨。

大卫和比利都是非常慷慨的人。在他们所承担的角色中，很多孩子都需要他们的注意。然而他们始终能找到时间关心每一个孩子，让每个孩子都感觉到自己是重要的、受到重视的。在休·布兰与他们沟通的过程中，从未有过匆忙或被催促的感觉。休·布兰并不认为他们会觉得自己十分慷慨，他们仅仅是在做自己而已。但是在他们这种友好的态度中，让休·布兰学会了如何慷慨地对待别人。

在毕业后 30 年的高中同学聚会上，休·布兰见到了比利，对她当时贴心的信函表示感谢。她并不记得当时那一封信件，但是对休·布兰的"美好的记忆"，表示很感动。和比利的谈话对休·布兰来说非常有启发性。休·布兰想可能是生平第一次，他看到了一封信或进行了一场对话可以对一个人的一生产生如此积极的影响。比利宽容和无私的美德在休·布兰心里种下了种子，一直苗壮成长。

④心与心的交流。

大卫和比利在爱、关怀和共鸣的基础上建立与孩子的关系。他们真诚地关心每一个孩子，感受到了每个孩子脆弱的希望、梦想和渴望，并平等地对待他们。他们有目的地在休·布兰身上种下了勇敢的种子，培养休·布兰专注、勤奋和自律的信念，并告诉休·布兰梦想和渴望都是可能实现的。

⑤告知事实。

大卫和比利并没有采取任何强制的手段。他们以一种休·布兰能接受的方式告诉他需要了解的事情。休·布兰碰到很多人都说自己"非常诚实"，也认为这是一个美德。但是休·布兰发现他们更多是冒失而不是诚实，因为他们传达信息的方式更多是为了自己的便利，并没有从信息接收者的角度考虑。以对方能接受的方式有效地传达信息是建立在慷慨地为他人考虑、言行一致和倾听他人想法的基础上的。

当企业主要管理人员忽视了他们所承担的角色对企业内部工作人员生活的意义时，绩效、创新、成长和承诺都会恶化。如果想要有非常优秀的团队和组织内的表现，包括创新和协作能力的明显提升，企业主要管理人员需要关注所有个人互动中的亮点。通过放大亮点，企业主要管理人员就可以把企业内部工作人员的希望和工作愿景转化为真实而有形的动力

二、领导能力计划的意义

停下来思考一下"兴盛"这个词的意思。词典中的定义是：旺盛地生长、崛起、发展、昌盛，处于高生产力、卓越和高影响力的时期，创造强盛、发达的时刻。

兴盛需要企业主要管理人员拥有 3 个方面的思维方式：蓬勃发展的客户、企业内部工作人员和领导。

（一）蓬勃发展的客户的思维方式

能够创造变革型成果的企业主要管理人员非常清楚他们希望合作的客户有什么样的思维方式。他们非常仔细地考虑和研究每个客户的感受、想法、认识、和行为。然后他们将这些理想的期望体验设计出来。如同沃尔特·迪士尼开设第一个主题公园一样，他和他的团队对客户在使用产品过程中的感受的各个方面都进行了仔细的思考，为客户的每一步都设计了愉悦的氛围。每一个建筑、行程和客户在使用产品过程中的感受都是精心编排的。变革型领导也应该有这种思维方式。

当客户与企业主要管理人员的团队或组织接触或完成一项交易后，要考虑客户的感受是什么？他们是否感觉管理人员的团队有能力、聪明、精明、是佼佼者、时髦或者高效？列出来自己希望客户通过自己的企业能够感受到的最重要的 3 个印象。然后去与 3 个客户交流，让他们用 3 个词来描述与自己企业合作的感受。

（二）蓬勃发展的企业内部工作人员的思维方式

我们也许听过这样的训诫：不快乐的企业内部工作人员永远无法创造一个快乐的客户。企业内有不快乐的工作人员的原因有很多，但归结起来主要应该有两个原因：被不快乐的企业内部工作人员传染或者企业主要管理人员自己创

造了他们的不快乐。在这两种情况下，企业主要管理人员都需要采取措施来扭转局面。

关于如何扭转局面，我们来看下面的案例。

休·布兰在一次跨国飞行的旅途中，两位空乘人员大声地讨论他们与厨房签订的新合同。他们的消极情绪是显而易见的，坐在仅仅距离他们两排的位子，休·布兰不得不听他们整整抱怨了 5 个半小时，如果有可能，休·布兰肯定会选择另一家航空公司。

作为企业主要管理人员，应该考虑：企业主要管理人员希望企业内部工作人员对顾客和企业主要管理人员持有什么样的思维方式？企业主要管理人员希望企业内部工作人员意识到客户在使用产品过程中的感受的重要意义吗？企业主要管理人员想让企业内部工作人员认为企业主要管理人员是值得信任的、坚持不懈的、诚实的、积极的、有远见的或有战略性的吗？企业主要管理人员想让企业内部工作人员认识到企业主要管理人员的立场吗？基于这些期望的认知，企业主要管理人员希望他们怎么做？当考虑客户在使用产品过程中的感受和企业内部工作人员创造客户在使用产品过程中的感受所需要的思维方式时，企业主要管理人员发现哪些事情现在还没有做到位？

企业主要管理人员需要明白什么样的企业内部工作人员思维方式才能创造出理想的客户在使用产品过程中的感受。这里的意思是，企业主要管理人员需要清楚培养企业内部工作人员什么样的行为、态度和想法才会产生最佳的客户在使用产品过程中的感受。如果企业主要管理人员没有这样清晰的认识，企业内部工作人员就是带着客户在迷雾中驾驶，很快就会脱离轨道。

（三）蓬勃发展的领导的思维方式

如果企业主要管理人员内心深处不愿为企业内部工作人员和客户提供最好的体验，没有人会愚蠢到相信企业内部工作人员和客户的积极性会被这样的企业主要管理人员调动起来。举个例子，想想英语中"激励"（inspiration）这个词。这个词来源于拉丁文"inspire"，意思是"为生命注入某样东西"。如果要给生命注入意义，首先需要用心生活。简单来说，我们无法给一个死人做CPR（心脏复苏术）。

三、变革型领导能力计划

（一）企业主要管理人员个人变革

如果企业主要管理人员希望进行组织变革，他们必须先进行个人的变革。这非常简单，但是经常被忽视。一个企业主要管理人员每天的行为传达了对他来说什么是重要的。他承诺会持续学习帮助客户和企业内部工作人员成功的方法吗？他有把为利益相关者创造利益作为优先事项吗？

如果企业主要管理人员想培养卓越的组织，他们必须首先追求个人的卓越。把企业内部工作人员和客户的成功作为一种不可妥协的愿景，相信这个愿景并将之付诸行动是非常不同寻常的。不需要装腔作势，如果想要将卓越融入每一位客户和企业内部工作人员的体验中，作为企业主要管理人员就必须追求个人和专业的卓越。为这些愿景付诸努力会促进企业内部工作人员与企业主要管理人员的关系，还会在组织中建立追求卓越的文化。

企业主要管理人员是改变、成长、创新和变革的榜样。他们的每一个举动和每一次谈话都受人关注，都是实现目标和达成首要任务的机会。如果企业主要管理人员因此感到紧张，这是正常的反应。好消息是企业内部工作人员并不是要看到完美的企业主要管理人员，他们希望看到能够鼓舞士气、为了企业内部工作人员的利益而努力和奋斗的企业主要管理人员。

（二）变革型领导计划

每个组织都有大量未合理利用的人才储备。有很多原因能够解释低下的人才利用率和平凡的业绩表现，企业主要管理人员心中肯定也有自己的答案。有人总结出了以下 20 个原因。

①缺乏鼓舞人心的领导能力。

②不明确的期望。

③低水平的信任和尊重。

④习惯遵守而不是承诺。

⑤缺乏战略方向或目标不断变化。

⑥低级别的问责制。

⑦错误的绩效指标。

⑧培养和容忍不负责任的企业内部工作人员。

⑨低水平的批判或客观思维。

⑩战略和决策优先级不高或缺乏优先级。

⑪奖励和认可程度低。

⑫缺乏执行。

⑬没有乐趣。

⑭很少或根本没有教练或指导。

⑮错误的人承担错误的角色。

⑯没有持续克服障碍的过程。

⑰消极的思维方式。

⑱双重标准：企业主要管理人员没有以身则。

⑲认为企业内部工作人员和客户很脆弱。

⑳基于劣质产品或服务的不满意客户。

无论是在一家拥有 10 名企业内部工作人员的创业企业，还是在拥有 25 000 名企业内部工作人员的成熟企业中工作，在整个组织中创造卓越，都需要企业主要管理人员参与持续的领导能力发展过程。在发展过程中，应该关注人才利用最大化、障碍的消除以及效率的提高。毫无疑问，这是变革型领导应当做的。

四、领导能力计划的实施

（一）清除障碍

对于企业主要管理人员来说，人才最大化的前提是与企业主要管理人员一起工作的都是有才华的人。如果企业主要管理人员面临的情况不是这样，那么这个管理问题不会在本节内容中得到有效的解决。假设企业主要管理人员的企业内部工作人员都是有才华的人，为了充分发挥他们的能力和才华，企业主要管理人员必须找到忠诚拥护企业发展愿景的那个人。这些企业内部工作人员不仅拥护企业主要管理人员的领导，而且还有热情和坚定的信念。

企业主要管理人员要仔细思考自己的计划，考虑把谁纳入计划中。谁表现出最好的思维方式和技能、最好的体验以及最大的热情、活力和创造力？写出 3 ~ 5 个人的名字，并列出他们能为这个计划做出的贡献。

企业主要管理人员可以拥有地球上最聪明、最勤奋的企业内部工作人员，但他们也可能不会取得伟大的成就，除非清除困难和障碍。障碍可能来自文化、态度、沟通、领导和薪酬等方面。如果想要在组织内创造追求卓越的文化，企业主要管理人员应该更多地关注效率低下的根本原因，而不是着眼于效率低这个状况。因为一旦找到效率低下的根本原因，企业就可以永久性地清除这个障碍。

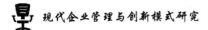

一旦企业主要管理人员确定了领导能力计划需要或缺乏的人才，就应该对他们进行力场分析，消除抑制力量，在计划中建立和维护促进力量。

为了弄清楚抑制力量和促进力量，企业主要管理人员需要有效地解决以下几个问题。

①我想实现什么目标？（这是领导能力计划的基本问题）

②完成这个计划的指标和价值是什么？

③什么是必须注意的促进和抑制力量？

④如何确定因素的优先顺序？哪些需要第一、第二和第三有效地解决？根据优先级进行排序。

⑤我会立即注意哪些因素？

⑥为了使这个计划取得成功，我需要为领导层提供哪些新的优先事项和承诺？

⑦我会如何将计划安排在日程表中？

（二）目标冲刺

企业主要管理人员必须要对领导能力计划的目标充满期望。这个计划是什么一定要明确，为什么做这个项目也需要弄清楚。因为如果不清楚为什么做这个项目，就会缺乏应对一切困难的意志。

企业主要管理人员必须是他们计划的最忠诚的拥护者和传道人。虽然"传道人"（evangelist）这个词可能因为某些政治或宗教信仰的影响产生了消极的含义，但传道人建立了对一个想法或愿景投入信念、帮助和热情的"社区"。在很多情况下，企业主要管理人员都不得不平衡开放、积极接受和一意孤行、不接受否定答案的态度。

目标冲刺，特别是在整个企业都创造追求卓越的文化时，需要企业主要管理人员专注我们在目标原则中讨论的3个维度。目标冲刺需要高度的热爱、价值和才能。企业主要管理人员需要将他们的战略规划和领导能力计划联系起来，并将他们对工作的热爱、他们自身、企业内部工作人员的才华以及他们致力于创造的价值在计划中体现出来。

第三节 承诺原则

一、承诺的重要意义

忧虑、模棱两可和不确定的根源是什么？是恐惧。如果我感到忧虑，我其实是在害怕未知的事物。当事情模棱两可时，我不确定会发生什么。面对不确定，我可能会担心下一步该做什么。我不想失败或失去一些重要的东西，所以我退缩了。

谈到我们的工作、生活时，很多人都活在恐惧之中。可能是财务恐惧，也可能是情感上的恐惧。无论是哪种类型，恐惧都会在长时间内对个人和职业的成长产生负面影响。恐惧可以成为行动的催化剂，但是令人备受鼓舞的表现和进步永远不可能在恐惧的阴影下实现。

有些人说恐惧可以是我们生活中的积极因素。当涉及对冒险行为的一些谨慎态度时，这可能是正确的。但在商业世界中，被恐惧支配犹如自我毁灭。当我们感到恐惧时，我们会想着不要输而不是如何去赢。

企业主要管理人员对自己和企业内部工作人员做出什么承诺会让其将自己所有的精力集中在积极主动地应对挑战上呢？如果企业主要管理人员承诺会在工作和生活中主动寻找有效地解决问题的方案，同时消除恐惧思维方式带来的焦虑，企业主要管理人员的表现会发生什么变化呢？

让我们明确一点，在商业世界中，随着恐惧的增加，业绩会下降。如果市场维持不变，但业绩却下降，那么背后一定有让人恐惧的原因。

恐惧可能表现为对一份新工作或责任的焦虑，也可能表现为对财务预算削减或资源缺失的担心。无论哪种表现方式，这种思维都会导致企业停止进步，需要新的承诺来纠正它。

消灭恐惧最好的方法是找出造成恐惧的原因。如果企业主要管理人员能明确恐惧的原因，就可以重新引导它，使它不再那么可怕。下面是7种最常见的恐惧类型。

第一，担心问责。

对责任的担忧是双重的。对于企业主要管理人员来说，让某人负责任，他们可能会感到不安。举个例子，一位高级管理人员由于自己的工作风格而害怕让他人负责任。她是一个非常直接的只关心财务盈亏的领导。她的直接下属则是以关系为中心、追求和谐、规避风险的企业内部工作人员。这位领导者害怕自己的领导方式会令人反感，担心她追责的方式会给企业内部工作人员带来伤害。因此，她只有在舒适的环境下承诺，明确的期望、工作问责矩阵和最佳流程才会被建立。如果有人感到不舒服，谈话就结束了。

第二，害怕犯错误。

害怕犯错误对许多人来说都是真实存在的。举个例子，某企业行动部门的高级副总裁在一次战略计划会议上非常诗意地谈论冒险和提高绩效，最终却用坚定的语气灌输恐惧和恐慌。他说："当然，你的冒险一定是成功的。"这意味着企业内部工作人员唯一的选择就是成功，失败无异于犯罪。在这种情况下，大多数企业内部工作人员选择不冒险、不承担风险也就不足为奇了。这位管理人员无言但强有力的承诺是"成功或者离开"。

第三，害怕离职。

由于工作环境中的年龄歧视，50岁及以上的企业主要管理人员都表示害怕离职。尤其是女性，这种恐惧会更甚。是否有些企业偏向聘用年轻的企业内部工作人员？是。是否真的有歧视？是。然而，现实可能被夸大了。这种恐惧并没有认真考虑一个工作人员创造的价值或通过多年的工作开发出的商誉和品牌。

第四，担心被视为不聪明和不成功的人。

追根溯源，这种恐惧源于自我怀疑。这是一种典型的顶替者综合征，企业内部工作人员和企业主要管理人员认为自己"非常幸运能得到这份工作"，而不是"企业非常幸运能够雇到有才华的我"。

第五，害怕惹怒老板。

害怕惹怒老板的恐惧通常与带来坏消息有关。这种恐惧可能源于一个人的不安全感或老板对坏消息的低忍耐度。一些老板害怕坏消息，所以他们穿上"凯夫拉尔（英文原名KEVLAR，是美国杜邦企业研制的一种芳纶纤维材料产品的品牌名）防弹衣"，以抵御所有的坏消息。当企业内部工作人员害怕看到老板发火或担心浪费老板的时间或精力时，他们可能会因为想要避免这种情况，而让其他人变成更坏消息的承受者和传达者。这种策略对企业的发展并没有好处。

第六，害怕失去获得的成功，即使可能走向更大的成功。

有些团队和企业主要管理人员认为成功仅仅是靠运气。他们认为成功是天时地利人和，没有办法被复制。每当新的想法出现时，他们会基于这种思想反驳道："我们过去不是这样做事情的。"

企业主要管理人员可以从过去学到很多东西，但真正勇敢的行为是离开已知的、可预测的和确定的事情，让自己去思考和面对不同的事物。

第七，害怕投资自己。

毫无疑问，最快速、最有效的成长方式是找到一个教练或导师。然而实际上，太多的企业主要管理人员因为害怕投资自己而不愿与教练或导师合作。一个企业主要管理人员可以获得的最大投资回报就是向自己和企业内部工作人员保证：个人和职业的发展是必要的。企业主要管理人员自己通过与教练或导师合作成为团队中其他人的榜样。当企业主要管理人员这样做时，他传达了一个明确的信息，即个人发展并不是一个口号，而是一个不可妥协的承诺。

这一部分内容试图通过促使企业内部工作人员期待和信赖企业主要管理人员来减少他们的不确定和忧虑。作为变革型领导，有机会让企业内部工作人员在工作中更有安全感，从而做出更高质量和更有价值的工作。

二、承诺的积极影响

承诺以两种方式影响人们。遵守承诺可以建立信任、尊重和信用；违背承诺则起到相反的效果。违背承诺不仅会影响任务和工作，还会对领导能力产生更大的负面影响。

为了使承诺对他人产生积极影响，以下3个方面是必须要考虑的。

（一）创建清晰的未来情景

承诺需要清楚、明白地交代各利益相关者未来的方向。没有只给出大概想法或主题的承诺，承诺应该是具体的。举个例子，寻找一个新的合作供应商，这个过程可能需要花费3个星期，但只要许下找到新的供应商的承诺，生产经理就可以清晰地预见产能增加、准时交付率提升，也就会睡得更踏实。作为生产经理，明确的未来情景可以帮助其减轻焦虑、提高工作效率和改善业绩表现。

承诺会促进协作。不一致的轮胎花纹会使汽车浪费能源并磨损轮胎。当花纹一致时，不一致的影响就会被消除，轮胎的寿命也可以明显延长。承诺的道理也是一样的。当双方目标明确且一致的时候，对期望、结果或其他方案的想法不一致就都消除了。

（二）明确结果和期望

承诺已经潜在地表达了结果和期望。举个例子，当企业主要管理人员承诺完成一个关键任务时，他们其实已经默许了其他人直接或间接表达对该承诺的期望。毫无疑问，在这个需要做得更多、更快、更好、更便宜的商业世界里，以清晰的语言，表达期望得到的结果，会让下属更加自信、更加乐观。

（三）清楚的交流

做出承诺有一个关键的前提。每当我们通过承诺传达期望和结果时，我们必须百分之百地承担该承诺对他人产生影响的责任。企业主要管理人员可以用"这不是我的意思"这个理由来辩解的时代已经过去了。清楚的交流，特别是关于结果和期望的沟通，需要企业主要管理人员了解沟通对象的语言偏好，并以最适合他们的方式进行沟通，而不是以最适合自己的方式进行沟通。

还有一个前提是，被承诺的人只会在对方没有为违背承诺找借口的情况下才会给予灵活看待和理解。这对提高信誉至关重要。举个例子，有一个回复是这样的："我失败了。我被老板最后的要求分散了注意力。我不是以此为借口，只是解释一下我为什么会失败。我在周五下午 3 点之前完成可以吗？"

关于清楚的交流还有一点很重要。当感受到信任和尊重时，大多数人会有积极的意愿并采取相应的行动。企业主要管理人员的主要工作是展现信用和尊重。当企业主要管理人员这样做时，他们的信誉会增加。

企业主要管理人员往往缺少意义重大的、勇敢的承诺。

变革型领导通常会做出以下五种承诺。

①对自己的承诺。

②对企业内部工作人员的承诺。

③对客户的承诺。

④对老板和领导的承诺。

⑤对家人和朋友的承诺。

在我们讨论无目标承诺的危险之前，为上面列出的五种承诺分别草拟 1 ~ 3 个例子。

第一，对自己的承诺。

①我保证无论什么样的工作情况，我都会在星期一、星期三和星期五早上 6 点锻炼 60 分钟。

②我会每周吃 3 次健康餐，并利用那段时间来为自己充电，调整和激发我对工作的热情。

第二，对企业内部工作人员的承诺。

我保证会带领团队继续努力工作，同时持续关注需要改善的地方。（这不是一个口号或者待办事项，而是一个让团队专注、积极工作的承诺。）

第三，对客户的承诺。

①我承诺我的首要目标是让客户的生活更加轻松。

②我会征求客户的意见和建议，并根据客户的反馈采取相应的行动。

③我会告诉客户我了解什么，我能做些什么，以及什么时候可以完成。

第四，对老板和领导的承诺。

①我承诺不会给领导带来没有解决方案的问题，除非我不知道如何去做。

②我承诺会恭敬地向领导表达自己的意见并支持领导。

第五，对家人和朋友的承诺。

①我保证每周两次准时在下午 6 点 30 分与家人和朋友共进晚餐，并在我们吃晚饭的时候关掉手机。

②家人和朋友对我很重要，虽然我的时间有限，但我保证与家人和朋友度过高质量的时光。

这五个方面都要兼顾到。仅仅对自己承诺而没有对他人承诺是自私的表现，等于宣称自己是这个关系中最重要的人。只是对他人做出承诺而没有对自己承诺会给自己带来伤害和牺牲。

三、明确目标对承诺的影响

（一）清晰

具有明确而有说服力的目标的第一大好处是，企业主要管理人员知道什么对自己很重要以及为什么很重要。这不是一个简单的问题。毋庸置疑，大部分成功的企业主要管理人员都非常清楚他们正在做的事情。他们已经找到了一个大的目标，并不知疲倦地努力去实现它。他们明确地知道自己的方向并集中精力往这个方向前行。

（二）控制力

明确的目标会赋予企业主要管理人员更强大的控制力。这不是针对发生在身边的事情，而是指做出选择的控制力，企业主要管理人员知道自己想要的职业生活和经验，便会做出相应的选择来实现它。当企业主要管理人员表达他们热爱的事情、他们的才能以及他们创造的价值时，这些都是领导能力的体现。当企业主要管理人员有一个明确的目标时，他会感受到一种强烈的控制或驾驭感，因为他的职业生活不再受企业高层领导的想法或指示决定。此时，企业主要管理人员坐在了职业生涯的驾驶座位，不再是坐在后排，不再是简单的希望能搭个便车到达一个有意义的终点。

（三）一致性

为了保持一致性，企业主要管理人员必须知道他们想做什么以及什么时候需要这样做。如果企业主要管理人员没有坚持自己的目标和兑现任何的承诺，这就是言行不一致的表现。在这种情况下，设定目标就相当于立下一个"没有最远，只有更远"的旗帜。企业主要管理人员需要抛弃失误和错误的开始，承诺自己要言行一致。这样企业主要管理人员会更加坚定自己的信念和立场。

（四）承诺

承诺与服从有着天壤之别。服从是指开始做某件领导愿意做的事情。当同事被要求完成一个报告时，他可能会说："好吧，我们应该完成。但是你知道我快要休假了，休假回来孩子又开学了。"承诺则是不一样的感觉。他可能会说："好的，这个报告非常重要，我会在下周五中午之前给你。"当企业主要管理人员计划领导目标时，从某些方面来说是在制定领导独立宣言。就像美国的开创者一样，企业主要管理人员会严格按照这个宣言行动。企业主要管理人员的目标就是承诺要过有意义的生活而不是意外的生活。

（五）信用

人们会注意到企业主要管理人员所说的和所做的。如果言行之间有差异会让人质疑企业主要管理人员的意图、诚意和信用。变革型领导应该认识到他们说过的话很重要，努力地去兑现许下的承诺。这不仅是为了他们自己的利益，而且是为了团队中的每个成员。当他们言行一致时，可信度会增加，领导的有效性和企业业绩都会提高。

（六）信心

这听起来也许会违反常理，但是作为一个企业主要管理人员，他的信心不是在看到实现目标的利益时显著增加的，而是在他非常坚定地相信自己的目标会实现时增加的，他会毫不犹豫地说："这是我想要的，我会得到它。"变革型领导并不这么认为，他们接受"当我相信它时我就会看到它"的观点。对企业主要管理人员而言，这并非盲目天真。他们明确地知道，如果他们和团队成员都对实现目标充满怀疑和不确定，那么完成变革的可能性就会大大降低。反过来，他们的信心并不在于成就的绝对性，而在于具有说服力的目标以及完成变革成就的可操作流程。

（七）社区

一个具有说服力的领导目标会吸引志同道合的企业主要管理人员、同事和利益相关者。除了已知的优点外，有目标的企业主要管理人员分享对他们来说重要的东西，会像磁铁一样吸引着那些渴望为自己和其他人创造相同经验的人。同时，他们的行为和信仰会号召有相同希望、梦想和愿望的其他企业主要管理人员一起创建一个拥有共同愿景的社区。这个社区会成为一个激发灵感、追求梦想和共同成长的地方。

（八）坦率

对于许多企业主要管理人员来说，他们在明确目标之后所展现的坦率程度明显提高。有了明确的目标，他们就会清楚、自信地表达出事实，说出他们的期望，如何行动以实现目标以及表明哪里达到了要求，哪里还有改进的空间等。目标成了减少冲突的催化剂，因为当变革型领导强烈地相信他们的目标时，他们不得不每天强调并采取措施来实现它。

（九）协作

为了有一个明确的目标，企业主要管理人员必须弄清楚他们热爱什么、他们独特的技能是什么。他们知道自己提供的价值，不需要再向他人证明自己。明白这一点的企业主要管理人员才能发挥领导能力，组织更多志同道合、才华横溢的人加入自己的项目或团队。团队成员之间私下较量减少，才会加速创新和成长。变革型领导应该知道，在许多情况下，两个头脑比一个好。

（十）勇气

勇气的意思是"敢作敢为、毫不畏惧的气魄"。在我们尝试弄清楚自己的目标是什么时，第一个问题就是："自己热爱做什么。"本质上的问题也就是工作的核心是什么，自己不愿意放弃什么。然而，勇气并不意味着消灭恐惧，企业主要管理人员从来都不必勇敢。相反，企业主要管理人员每天要做的最勇敢的行为就是朝着目标前进，而不是被工作中琐碎的事情决定方向。有了明确而强大的目标，企业主要管理人员会发现蕴含在领导能力中的勇气是惊人的。企业主要管理人员会更敢于想象，设定更宏伟的目标，并热爱自己和其他人思维方式的转变。

毫无疑问，企业主要管理人员已经体会到了其中一些优势的力量，大多数管理者都想获得这些优势。然而，很明显在他们的能力范围内有且仅有一个原因导致他们还没有获取这些优势。那就是他们没有花时间去思考他们热爱什么，他们独特的能力或才华是什么，以及如何为别人创造价值。

实现变革成果的起点是目标原则，在没有清晰、明确的目标的前提下为企业主要管理人员自己设定优先级是造成挫折和业绩下降的一个主要原因。

四、承诺标准的设定

在某些情况下，努力至关重要，但是企业主要管理人员需要的是更多的勇气和自信来确定接受什么和拒绝什么的标准。如果没有这份勇气和自信，企业主要管理人员会持续感到力不从心。下面是帮助了解如何设定优先级的两个简单、方便的技巧。

（一）事后觉悟

为了弄清楚自己定了什么样的优先顺序，企业主要管理人员要先打开自己的日历，看看前四周的工作安排，然后回答下面两个问题。

①在已明确目标的前提下，你可以有把握地说，如果有人要翻看你的工作日历，他们会知道什么对你很重要、你关心什么吗？如果是，为什么？如果不是，他们认为你的首要任务是什么？

②你如何以及在哪里花费了时间，遵守或忽略了哪些承诺？

（二）先见之明

下面是帮助企业主要管理人员建立优先级设定能力的自我评价清单，共有5个方面的问题。

①你有多少个优先事项？有超过5个以上的优先事项吗？如果是的，你就设定太多了，特别是当它们都是关键、影响重大的优先事项时。

②什么是你的首要任务？你醒来时会想到，睡觉前担心的一件事是什么？不断在你脑海中浮现的事情就是你的首要任务，是成就、晋升、加薪、与工会打交道或是与企业内部高级管理人员打交道，还是增加企业收入或利润？在你脑海中不断重复的事情总会成为你的首要任务。

③你的客户是否优先？如果你的客户被问到他们是否觉得自己是贵企业的重中之重，他们会响亮地回答"是"吗？不是空泛地肯定，而是一个响亮的"是"。如果是的话，为什么是这样以及你应该保留、暂停或重新启用什么优先事项来维持这种情况？如果不是的话，你应该设定什么优先事项来解决这个问题？

④你的企业内部工作人员是否优先？如果你的企业内部工作人员被问到他们是否是贵企业的重要资产，他们会响亮地回答"是"吗？再次重申，不是含

糊地肯定，而是一个响亮的"是"。如果是的话，为什么是这样以及为了保持这种成功，必须保留、暂停或开始启用什么优先事项？如果没有，那么需要优先完成什么事情来解决这个问题呢？

⑤你的目标、承诺和工作重点之间是否一致？你的老板或企业对你的最高要求是什么？他们对你的最高要求是否与你的领导目标和承诺一致？

实际上，只要冷静地选择优先事项，领导效力自然会增加。因此，为了有效制订优先事项，企业主要管理人员必须理解两种力量。第一种是妨碍企业主要管理人员履行承诺和实现目标的制约力量，第二种是驱动力量。驱动力是促使企业主要管理人员实现承诺和目标的力量。制订明确的优先级并不需要企业主要管理人员过度地考虑工作过程。接下来的内容会告诉企业主要管理人员如何正确区分帮助或阻碍有效优先级设定的事项。

五、履行承诺的影响因素

力场分析是许多组织常用的且非常有效的工具，帮助领导和团队确定支持和阻碍他们完成项目或实现目标的力量和因素。

（一）制约力量

履行承诺的制约力量是什么？可能是人员、过程或可用资源。尽可能多地列出造成障碍的因素。对企业主要管理人员来说，力场分析可以很好地帮助确定阻碍其达到目标的因素，比如花太多时间在无效的会议或工作以外的委员会上。

（二）驱动力量

什么驱动力量可以确保企业主要管理人员的承诺和目标能够成功实现？也可能是人员、过程或可用资源，比如促进消费者在使用产品过程中的感受或帮助企业内部工作人员发展的热情。力场分析将帮助企业主要管理人员思考以下问题。

①我想达到的最终承诺、目标或目的是什么？

②兑现承诺的所有制约或驱动力量是什么？

③这些力量或因素的优先级顺序是什么？

④哪些力量是最重要的，需要立即有效地解决？

⑤我需要采取的最重要的行动是什么？

⑥我会在什么时候实施这些行动？

⑦我会选择谁作为我的问责伙伴，我什么时候会与他们讨论我的答案？

第四节　坚持原则

一、工作的障碍

坚持不懈是一个有趣的原则。坚持不懈的概念是众所周知的，早就已经被研究和解剖，并且奠定了我们成长的基础。我们是否像孩子一样积极地学习控制冲动？相信很多人并不像小时候那样去学习控制冲动。

毫无疑问，每个变革型领导都希望做出引人注目且有意义的成果，并且将领导目标视为这样做的起点。然而实际上，每一个过程都会出现一个缓慢点，如果放任不管，就会变成停滞点。成功的企业主要管理人员已经学会了如何有效地解决妨碍他们实现目标的 4 个最常见的障碍。通过了解这些障碍，企业主要管理人员可以更好地克服障碍，有目的地进行管理。

（一）惯性

惯性是诱人的。我们很容易陷入工作中，并一直以相同的方式领导别人的工作，即使它不再起作用。地球上的每个人都知道变化是确定的，增长是可选的，保持不变的吸引力是因为它不需要改变，不会有学习新事物产生的不适。惯性像病毒一样感染我们，让我们在明知工作无意义的情况下，仍然接受复制过去。曾有人向 10 位企业主要管理人员询问过他们的工作是否具有启发性、创造性、变革性、创新性和目的性，能给出肯定回答的只有 1 ~ 2 个人。问同样的这 10 位企业主要管理人员，他们是否真的认为自己的工作是缺乏创造力并会产生安全和可预测的结果的，我们会听到 6 ~ 8 次肯定的答复。

怎么会这样呢？很简单，正如我们在承诺原则中所讨论的那样，当企业主要管理人员有 12 个优先事项并感到不堪重负、过度劳累和负担过重时，他们投入更多精力、时间和资源来重塑工作的可能性几乎不存在。他们已经变成西西弗斯（希腊神话中的人物，他的生命在日复一日地将巨石滚向山顶的重复工作中消耗殆尽），只是在等待巨石滚下山并压扁他们。他们已经放弃改变，并屈服于目前的状况。

然而，令人震惊的是，当企业主要管理人员发现一个希望、梦想或想法紧紧抓住了他们，当他们看到可以以这种方式来整理他们的工作优先级，当他们停止试图纠正自己的弱点，而是发挥他们的优势时，惯性就被遗落在幕后。这并不意味着生命会变成蝴蝶、冰激凌和独角兽，但它确实意味着企业主要管理人员的思维方式发生了转变，他们对可能性的看法也是如此。

（二）无知

企业主要管理人员可能同时拥有聪明和无知。举个例子，企业主要管理人员可能在技术上很出色，受过良好教育，拥有辉煌而引人注目的工作经历，同时对企业内部工作人员或客户的希望、梦想和愿望一无所知。

现实中，大部分企业主要管理人员要么对目标的力量不了解，要么不知道自己已经沉迷于使用硬性事实和数据来领导自己和组织。企业主要管理人员忘记了他们的行为正在影响他们的表现这一事实，忘记了抓住企业内部工作人员的心灵和思想是第一要务。除了在创造他们迫切需要的组织转型所需要的东西上无知以外，他们在其他事情上都表现得很聪明，只是对领导的人员和关系一无所知。

（三）经验不足

在变革型领导环境中缺乏经验并不像听起来的那么严重。它不涉及企业主要管理人员的长期能力，而是关于进行变革工作所需的短期人才和技能。缺乏经验适用于完全有能力学习如何执行有意义的工作，但缺乏变革型领导所需要的具体的、有针对性的和当前新的或更高级的技能的企业主要管理人员。对于企业主要管理人员和他们的直接上级来说，缺乏经验更多地指出了技能发展的机会。

一些企业主要管理人员很可能会说："是的，我的团队缺乏经验，我希望开发一种更具创新性、热情和专注于增长的思维方式。"弄明白如何处理客户的不满如何所需的技能或挽留想要离开的客户是很容易的。但是，变革型领导应该不断地问自己，需要什么样的新体验和教育来引领自己所设想的变革。

（四）冷漠

大多数情况下，冷漠缘于没有明确和引人注目的领导或组织目标。对于一些企业主要管理人员来说，实现财务目标是他们的目的。然而，这个目标对于赢得企业内部工作人员或客户的心并没有多大帮助。实现财务目标对于保持相关性至关重要，但将财务目标作为组织目标反而会导致绩效降低。变革型领导会认识到，在一个人的生活中做出有意义的改变会减少冷漠，并带来更大的创造力、活力以及改变和成长的意愿。

冷漠在多种情况下存在。无能的高级领导者、无休止的预算削减、有争议的合同谈判、不满的客户、失调的营销和运营、管理不善的产品质量以及失控的个人生活都会产生冷漠。我们能够看出它植根于简单的事情，如健康状况不佳、睡眠不佳和营养不良等。

冷漠来自没有真正给同事带来任何产品、顾客、表现、声誉或利益的人。冷漠需要被根除并像癌症一样被对待。如果它生存下来，将转移并"杀死"企业主要管理人员或他的团队。

这是变革型领导要注意的地方。他们不会允许惯性、缺乏经验或无知来阻止他们。他们的任务是在冷漠出现的那一刻消除它。

虽然有时候消除冷漠可能需要快速和激进的程序，但大多数情况下，所需要的是在逆境中的坚持不懈。

二、成功的方式

（一）组织中的"乌龟"和"兔子"

我们都听过龟兔赛跑的故事。而在企业组织中也存在"乌龟"和"兔子"。下面我们将通过组织中的"乌龟"和"兔子"来讨论取得成功的两种主要方式，并学习如何通过坚持不懈来发挥自己的优势。

在工作环境中，"乌龟"并没有得到很好的关注。如果在速度比较慢、务实、有条理的"乌龟"和速度快、单打独斗且没有毅力的"兔子"之间做选择，大多数企业主要管理人员更喜欢"兔子"。为什么？因为速度对于今天的每个企业都至关重要，客户希望他们的问题能够得到快速的反馈，当他们收到类似乌龟一般的回复时，他们会觉得这家企业并不熟知此项业务。客户可能立刻就在社交媒体上发布这家企业"龟速响应"的帖子。

现实情况是，在不同的情境下，"乌龟"和"兔子"的反应都是有价值的。有些提议应该尽快得到考虑并实施，还有一些提议只能通过缓慢的稳扎稳打来实现。举个例子，技术大师的塑造过程并不快速。企业主要管理人员可以在变革型领导过程中尽早获得快速收益，但只有经过长时间的思考，长时间的缓慢进步，根本的变革才会到来。

"乌龟"代表了我们工作和职业生活的一部分，只有通过坚持不懈的努力和保护性的外壳才能实现目标。尽管"乌龟"的目的地清晰明确，但只能以婴儿的步伐前行。"兔子"代表快速离开某地时所需的肌肉爆发力，但这不能长时间持续。企业主要管理人员需要综合这两种能力，但如果企业主要管理人员让企业内部工作人员同时具备这两种能力，效果可能不会很好。这类似于要求一名350磅（约159千克）重的进攻锋线球员在足球队中担任接球员的角色。

为了实现目标、承诺和愿景，企业主要管理人员需要清楚"乌龟"和"兔子"的优势和局限。企业主要管理人员需要为反对者和建议放慢速度的人建立一个保护性的外壳。企业主要管理人员要全力以赴地跑步前行，不要把每件事情都当作生死攸关的疑难问题来处理。

温斯顿·丘吉尔在劝告他的内阁与希特勒谈判时，即使面对不间断的轰炸和英国公民的死亡，还是采取了"乌龟和兔子"的工作方式，恳请内阁成员快速部署新武器。德国成功入侵法国、英国军队被包围在敦刻尔克时，他都靠着武器取得了成功。有些人可能会觉得无法被这个事例说服，但实际上丘吉尔知道英国是险胜，而且胜利不是来自单一的策略，而是一个双管齐下的"乌龟和兔子"策略。

（二）建立"兔子"反射的两个步骤

1. 即兴创作

关于建立"兔子"反射的即兴创作，我们来看世界著名的绩效专家休·布兰的一次经历。

休·布兰与一位企业主要管理人员谈到过这位管理人员无法按照自己的意愿尽快执行工作的事情。这位管理人员一直都知道工作的技术逻辑，但是仍在执行中步履蹒跚。在他们谈话的20分钟里，休·布兰所听到的是这位管理人员对每一个行为的高标准以及对正确的要求。这位管理人员的想法是，当所有事情都正确的时候，他就会成功，如果出了一点差错，他就会失败。他把自己逼到了一个角落，反过来又强加给别人相同的压力。在他的想法中，错误的行为或决定是不可接受的。这种信念使他和他的团队工作速度大大降低。问题的根源在于高度的自我批评。他保持着极高的标准，只要未达到标准要求，就会做出他认为正确的事情，并在不知不觉中向他的团队传达了与他自己一样的高标准以及自我批评方式。

虽然有些人可能认为这需要治疗师来有效地解决，但休·布兰有不同的意见。休·布兰见过很多聪明的企业主要管理人员，当他们意识到他们思想上的误区时，他们会自然而然地朝着修复它的方向前进。休·布兰提出可以从以下三个方面入手来让自己更加随性。

首先，将非黑即白的错误思维转变为良好、更好、最好的思维。举个例子，一个好的答案可能不是最理想的答案，但它的好处在于创造了一个获得更好答案的起点，如果接下来进行实验和探索，可以得到最好的答案。

其次，即兴创作是高级艺术，需要强大的智慧，并且可以随着时间的推移而发展。

最后，观察、倾听并发现自己对他人和自己苛刻的表现，以及在什么情况下会有这样的表现。

2. 建立肌肉记忆

铁人三项运动的专家说过，经过数月和数年的持续训练，人的肌肉可以逐渐适应这项运动并且可以将冲刺注入运动中。一旦我们的肌肉掌握了铁人三项的冲刺和延长时间，我们就可以选择合适的方法来适时游泳、骑自行车和跑步。当我们想像兔子一样跑步时，我们不可能只用一天就变成"兔子"。这需要时间和逐步有目的地增加肌肉负荷以满足不断增长的需求的过程。可以先问自己哪种方式更适合自己。是"乌龟"的工作方式还是"兔子"的？如果是"乌龟"的工作方式，那么减少自己工作中最不吸引人的部分25%的工作时间；如果是"兔子"的工作方式，那么你认为在哪个方面花费了太长时间？谁是你信任和尊重的而且可以去寻求有关如何从"乌龟"的工作中受益的建议的人？

无论企业主要管理人员想要发展哪种技能，都要认识到，当一个目标确立后，一种坚定不移的精神就会环绕着企业主要管理人员，企业主要管理人员会在早上醒来时想象自己的一天，计划将如何充满热情地完成这个目标。

第五节　说服原则

一、说服的含义

美国国内航空每天有170万的人流量。每个乘客在登机前都需要通过安全检查。这项检查的目的是确保旅途的安全性，并确保乘客可以安全出发。

变革型领导应该认识到，每个利益相关者在认同和追随他们的带领之前同样也会有一个检查程序。这个检查并不是关于锋利物品等的要求，而是评估是否能在这个人的领导下实现他所承诺的目标。如果企业主要管理人员没有通过检查程序，就无法"通过安全闸门进入候机室"；或者，他会发现自己"在登机门前困惑：为什么只有他自己在飞往目的地的飞机上"。

梅利亚姆·韦伯斯特将说服某人定义为"在持续努力后，通过逻辑认证或争论让某人做某事，并让他相信某事。"因此，说服是劝说和影响某人以使他采取某种行动或以某种方式思考。关键词是采取行动。面对竞争性需求、稀缺的资源和较高的期望值，企业主要管理人员会遇到不愿意合作、妥协自身利益的人。

在变革型领导中，说服并不是雄辩或激动人心的演讲，不是像亚伯拉罕·林肯的葛底斯堡演讲或马丁·路德·金的"我有一个梦想"演讲。对变革型领导来说，说服是发挥积极影响，而不是操纵。最纯粹的说服形式是完全塑造一个人的思想、感情、信念和行为。企业主要管理人员需要注意说服、想法、感觉、信念和行为等定义的顺序。

企业主要管理人员遵循说服原则，要考虑为了让别人支持企业主要管理人员的目的、承诺、优先事项和计划，企业主要管理人员必须要先理解他人对自己和自己的提议的想法、感觉和信念，然后再对它们进行重塑。如果企业主要管理人员想听到更多赞同的声音，企业主要管理人员必须要知道他们在回答之前在想什么。如果企业主要管理人员不明白他们在想什么，企业主要管理人员只能继续听到否定的回答。

（一）想法

我们在采取每个行动前都会进行思考，想法是决定我们如何生活和认同什么的强大催化剂。以上面提到的安全检查为例，如果你认为安全检查是有意义的，可以很好地保障乘客的安全，你就会积极地看待机场的安全检查；但如果你认为安全检查完全是浪费时间，你就只会看到安全检查的负面影响。

（二）感觉

当你考虑到机场安全检查的价值和安全意义时，就会增加安全和舒适的感觉。这种感觉可能只在一瞬间，不会轻易被发觉。在实际生活中，思考和感受是紧密相关的。当你认为时间无比珍贵，并且努力节约时间时，阻碍你节约时间的事情就被认为是对时间的威胁和浪费。浪费时间的想法会造成焦虑的负面感受。

（三）信念

我们对工作、利益相关者和目标的信念是促进我们采取行动的强大动力。如果我认为机场安检纯粹是浪费时间，因为排队安检而感到焦虑，我的信念就是规避可能遇到的一切障碍。除了机场安检的例子外，有很多非常有才华的企业内部工作人员不够自信，饱受自卑的折磨。他们认为自己不配拥有目前的职位，极有可能会被别人发现自己是个"冒名顶替者"。也有企业主要管理人员认识到他们并不是最聪明的领导，但是他们对从事的工作有着无限的热爱和激情，没有什么能阻碍他们实现目标。信念总是会成为事实。

（四）行为

关于行为的关键点是，当你看到某些人的某种行为时，他们这样做是因为他们认为这是对于当时处境最好的回应方式。当你看到某些人谴责机场安全管理局时，他们认为这样做是正确的。你知道这是愚蠢的，因为你并没有感受到这样的情绪或是跟他们有同样的想法。这就是变革型领导面临的巨大挑战。如果企业主要管理人员想让别人支持自己的提议、想法，认同自己的目标、优先事项、计划或承诺，企业主要管理人员不能只关注行为，而更应该关注促使其他人行动的想法、感觉和信念。

在工作中，如果一位同事觉得企业主要管理人员城府深、喜欢掌控、懒惰、不擅长团队合作、自私自利，那么他看到企业主要管理人员的第一感觉是恐惧。如果他害怕看到企业主要管理人员，那么出于自我保护，他会尽快让自己结束与企业主要管理人员的对话。看到他的行为，企业主要管理人员可能会认为这位同事非常自大、粗鲁，对企业主要管理人员不屑一顾。变革型领导这时应该分析这位同事的行为，思考是什么信念、感觉或想法触发了这种行为。如果能有效地解决这些问题，企业主要管理人员会听到更多认同的声音。

（五）说服

企业主要管理人员有多大的说服力？暂且将想法、感觉、信念和行为的理论抛开，考虑一下"作为领导我有多大的说服力"。如果企业主要管理人员有很强的说服力，企业主要管理人员会听到4个正面的回答。

1. 是的，这是一个好主意，我一定会提供帮助的

这是最直接有力的赞同，也是企业主要管理人员最想要的反应，但经常事与愿违。如果一个企业主要管理人员能得到这个正面的回答，说明他已经充分考虑过回答者的优先事项，将提议与回答者的自身利益联系起来，并找到了能够使双方获利的方式。

2. 是的，我们加上这个想法可以产生更积极的影响

这种赞同提出了另一个或者互补的意见来改善企业主要管理人员的想法，

从而实现更大的目标。当企业主要管理人员听到这种答案时，说明这段对话中注入了"创造力"。它是创造性的行为，建立在一个想法之上，并能够帮助所有参与者从更多的角度去考虑可能的结果。这个赞同代表着两个人或更多人的合作理念，而不再是一个人的想法。

3. 好的，我还不知道该怎么做，但是我会弄清楚的

这个肯定可能是一个强有力的转变。每个组织的管理人员都可以证实，有些目标值得去实现，但是并没有清晰的路径和准确的方向。所以企业主要管理人员希望听到肯定的答案。变革型领导希望听到人们对他们的想法说"是"，但更重要的是，他们希望能够培养激情、创新和成长的思维方式，听到挑战现状的想法。

4. 好的，我来解决这个

这个答案简短有力，表明回答者清楚并且同意所要求的内容。当首席营销官要回答董事会（一个很少或根本没有营销背景的董事会）关于社交媒体营销如何影响销售流程的问题时，最好的方法就是去理解董事会目前的想法，理解他们对营销和社交媒体的感受，以及理解促使他们问这一问题的因素是什么。

如果能够得到这4种肯定的回应，证明企业主要管理人员有一定的说服力。并且企业主要管理人员正在按计划实现目标、承诺和优先事项。这就是积极说服力的情况。

二、"三步式"说服法

企业主要管理人员可能早就了解过如何领导团队和企业内部工作人员，让他们做一些他们可能不想做的事情。每一天企业主要管理人员都通过直接或间接的方式来引导他们。企业主要管理人员对企业内部工作人员有很高的期望，希望能够创造创新、成长和激情的环境，希望他们能够追随自己的领导。但是在日常生活中，企业主要管理人员经常面对的现实是：企业内部工作人员并不会做他们不想做的事情，他们并不会将顾客、团队或组织的利益置于自身利益之上。

我们需要关注一个关键问题。就业之旅，从入职第一天到离职面谈，就是一个告知、说服的过程。通过面试明确传达信息：什么是重要的、对他们的期望是什么以及对变革的期望是什么。当企业主要管理人员将与企业内部工作人员和顾客的互动视为三步式说服法的一部分时，很容易发现它的有效性。在接下来的三部分内容中，我们将分解说服方法的流程，增加它的实操性。说服一

个人其实很简单：建立基于信任和尊重的良好关系；了解对方的目标和优先事项；提供帮助他们实现优先事项的解决方案。如果企业主要管理人员能够做到这 3 点，就有足够的能力来领导转型项目。

（一）建立基于信任和尊重的良好关系

如果企业主要管理人员想变得更加有说服力，高度的信任和尊重是不可或缺的基石。信任就是我们说的话是有信誉支撑的；尊重是指高度重视对方的才能和技艺。

2016 年，对三星公司来说一个重大项目就是召回 Galaxy Note7 手机。这个型号的手机出现了电池着火事故，需要召回每一部手机。这个项目造成了 260 亿美元的损失。对于三星公司来说，这就算不是生死攸关的情况，也是一个有着极大风险的难关。

三星公司高级副总裁（SVP）承诺会完成对召回事件的详细分析报告，并在 45 天内向董事会提交他们的调查结果。如果他准时在 45 天内完成了调查工作，大家会认为这位 SVP 值得信任。如果提交的报告具有很高的水准，并且有效地解决了董事会和企业主要管理人员提出的所有问题，大家会非常尊重这位 SVP 的能力和才华。在这种情况下，为了说服企业主要管理人员和董事会坚持执行已经制定的计划，信任和尊重都是至关重要的。

如果 SVP 虽然在截止日期前完成了工作，但是工作的质量不佳，那么 SVP 对执行经理和董事长的说服力也会受到影响。风险越大，信任和尊重就越重要。

（二）了解对方的目标和优先事项

了解对方的目标和优先事项是非常关键的第二步。这需要我们暂且抛开个人利益，优先考虑其他人的利益需求。当我们知道其他人的优先事项（例如，平衡创新和增长的需要，以及在成熟期不断将卓越品质注入产品的需求）时，我们就可以更好地提出可以很好地帮助其实现这一目标的解决方案。

（三）提供帮助他们实现优先事项的解决方案

本部分的关键内容是，当企业主要管理人员在没有完全理解对方的目标和需求时发号施令，即使拥有"CEO"的头衔，也只能是成功的牺牲品。成功的企业主要管理人员即使是在提需求时也会给予企业内部工作人员最高水平的尊重和信任，时刻让他们感受到被关怀、被理解。

三、提高说服能力的方法

（一）建立高度信任

建立高度信任和尊重关系的方法非常简单：言而有信。如果企业主要管理人员严格遵循这个方法，就会与企业内部工作人员、客户建立起相互信任和尊重的关系，也能使他们快乐、满意。如果这么简单的话，为什么大家不去做呢？有一个主要原因：他们自以为理解了对方的期望，但实际上并不是这样。他们缺乏理解情景和相应责任的明确框架。

（二）进行陈述评估

企业主要管理人员是如何获得信任和尊重的？下面是一个自我评估，可以检验一下企业主要管理人员的积极说服力有多少分。企业主要管理人员需要根据自己的实际行动来进行打分，在 1 ~ 10 的等级中，10 表示高度一致，1 表示不一致，请根据以下陈述进行评估。

1. 信任程度评估

①我积极而有意地营造一种能够培养同事信任感的环境。

②承诺要做的事情我一定会做。

③在个人和专业行为中，我都能做到言行一致。

④我不会在背后说别人坏话。

⑤我的同事说我真正关心他们每个人。

⑥我以能够建立信任的方式说实话。

2. 尊重程度评估

①我佩服并尊重同事的才华和技能。

②我经常表达对同事所拥有才华和技能的尊重。

③在与同事互动时，我尽可能地发挥自己的价值。

④在与同事互动时，我很专注，不会分心。

⑤我的同事很尊重我。

⑥我承认并表达我对他人观点的兴趣和欣赏。

现在，再试着从老板、同事或团队成员的角度来回答这些问题。他们将会如何回答这些有关企业主要管理人员的问题？企业主要管理人员自己的答案和他们眼中企业主要管理人员的答案有差异吗？

企业主要管理人员对自己的行为的认知与别人对企业主要管理人员的行为

的认知有差异吗？如果有差异的话，就可能存在信誉差距，会降低企业主要管理人员的说服力。很简单，信任和尊重是建立在明确的期望和言行一致的基础之上。

四、建立明确期望

建立明确的期望可以减少 50% 的个人生活和职业生涯的冲突，并提高企业主要管理人员的表现能力。这些都可以通过明确企业主要管理人员对某人的期望值来实现。举个例子，一位领导着价值 2 亿美元金融机构的 CEO 与董事会就企业的战略方向和优先事项发生了争执。他认为以市场为导向的组织会有更快的增长速度和更大的盈利能力，尽管这需要花费更多的时间、资金和资源用于对关键客户的营销，但如果市场发展比较好，财务数据会出现显著的增长。相对地，董事会则希望他们成为一个财务驱动的机构，所有的决策应根植于财务数据，市场营销战略需要遵循财务限制。这些相互冲突的期望需要进一步明确为可以达成一致的基本期望，以建立信任和尊重的方式满足各方期望。当出现案例中的情况时，CEO 感到不被尊重和被低估，董事会感到规划战略方向受阻无法完成工作，双方都不会对对方有高度的信任和尊重。

明确期望有以下 7 个基本步骤。

（一）重申目标

在我经历过的每一个令人沮丧的董事会会议中，都有一个致命的现象：大家会在明确"问题是什么"和"为什么是这个问题"之前，直接跳到如何有效地解决这个问题。明确期望的过程能促进创新、成长和对目标的激情。当企业主要管理人员说"我们的目标是显著提高管理质量，同时实现业务的快速增长"时，他已经回答了关于目标是什么的总体背景问题。当谈到如何实现目标时，我们的答案可能大同小异，但是以明确目标为起点，可以确保每个人都朝着正确的方向前进。

（二）定义成功

我们需要知道怎么样才算是成功，以及为什么要将希望、乐观和激情融入对话中。大家可能知道预期的目标是什么，但是如果不将目标分解到个人，目标依然只是书面理论。举个例子，如果企业主要管理人员说想显著提高组织管理能力和业务情况，他的上司肯定非常高兴，因为对他来说这是一个非常合理的想法。但是，真正的能力在于如何将这个目标分解、规划为每一个企业内部工作人员的目标。举例来说，如果企业主要管理人员完成了目标，将有以下收获。

①企业主要管理人员将有更清晰的发展视野，不再认为企业的发展无法预测和无法管理。

②企业主要管理人员能够准确地评估他们所处的发展阶段，明确未来将面临的挑战。

③企业主要管理人员将会获得职业发展机遇，以带来更高的成功和满意度。

（三）明确角色、责任和时间节点

角色、责任和时间节点的安排，每一方面都需要被分解、明确和接受。举个例子，作为客户管理项目的志愿协调员，他需要负责志愿者的招募、培训、日程梳理和质量保证，这都是他的职责。管理者的角色就是检查并确保志愿协调员有足够的资源或者帮助他来完成任务。我们都知道，完成各个领域的工作需要每个人的配合和参与。

（四）明确决策权

这一步骤关系到对决策权的认知。一个人是能单独做决定还是和老板商议后才能做决定？信任和尊重决定了决策权的所属。对于老板来说，如果我相信企业主要管理人员的能力和为人，在了解企业主要管理人员的角色和预算的基础上，我会引导企业主要管理人员根据企业主要管理人员自己的判断，做出能为我们最大化创造利润的决策，再定期了解企业主要管理人员做过什么决定。这就是理想状况下的授权。如果这个职位上是一个新手，我可能会要求他每周汇报一次。无论工作经验如何，都需要使用以下决策制定模型来明确决策权。

①作为企业内部高级管理人员，我有能力也有权力独立做决策。

②作为企业内部高级管理人员，我会在做决定前咨询企业主要管理人员的意见。

③共同决策。

④企业主要管理人员会在请示企业内部高级管理人员之后做出决定。

⑤企业主要管理人员可以独立做出决策。

如果能够明确决策权，企业主要管理人员碰到问题的概率会大大降低。

（五）更新项目进展

这种期望也直接源自信任和尊重。如果上级领导对我们是否能胜任某项任务有一些怀疑，他可能会要求我们频繁地更新项目进展。如果这项任务非常关键，我们可能也希望能够更频繁地更新项目完成状态。在任何一种情况下，了解更新状态的频率和期望都是至关重要的。简单地说每两周检查一下进展，缺乏细节。在这一步中，双方都可以明确更新项目进展的期望。举个例子，项目进展可能包括任务完成百分比、实际与预算数据的偏差率、风险、挑战、收获的经验等。同时，更新和检查的形式也需要提前明确，如是否需要提前两天以书面形式提交，以便每个人都有时间消化信息并准备提问。弄清楚作为企业主要管理人员，期望获得什么信息以及在该情况下需要采取什么行动。

（六）主动解决问题

悬而未决的问题会迅速侵蚀相互间的信任和尊重。期望必须是有意义的和可以转化的。有效地解决问题的最佳方法就是保持好奇和开放的态度提问。举个例子，企业主要管理人员可以说："乔治，我的理解是我们每两周过一次进度，你会在我们开会前两天更新项目进展内容。但是我没有收到你的信息，你能解释一下现在的情况吗？"这样，我们就可能会听到一个关于乔治以后如何更新信息的合理解释。如果企业主要管理人员不问，乔治可能会认为不按时更新项目进展没有什么影响，并且可能会再次这样做。所以主动有效地解决问题的关键是要认识到，如果不去处理问题，企业主要管理人员之前的信任和尊重会被严重削弱。

（七）确认理解和同意

最后一步是与对方确认上述的所有步骤。举个例子，可以说："我们来核对一下想法是否一致，你对自己的角色、职责的理解和期望是什么？"当企业主要管理人员能够清楚的列出职责内容时，他只需要回到承诺原则，再熟悉一下任务优先级内容设置。首先理解如何创造明确的期望，接下来是围绕期望设置任务的优先级，这样就可以按照所承诺的标准达成目标。当企业主要管理人员这样做后，他会发现大家非常愿意赞同他的诉求，在提升业绩的路上会有更少的干扰。

五、说服策略

我们每天都在说服别人，所以我们必须既擅长专业技术，也擅长和人打交道。如果不掌握这种能力，企业主要管理人员就无法在决策会议中占有一席之地，就会被视为需要降低的成本。如何在决策会议中获得席位？如何能更有力地说服他人，提升领导能力和声誉，并被视为战略价值的创造者？下面是 7 种说服策略。

（一）用对方的语言去沟通

在任何行业中，想要一语中的、直接说服对方，学会用对方的语言去沟通是基本的途径，也是解决问题的办法。企业主要管理人员必须知道对方偏好哪一种沟通方式，他们是希望自己从历史发展角度提供更多的信息呢？还是希望自己能够直接说明问题和解决途径？他们是希望自己能主动提问，参与到对话中，还是希望自己能直接通知他们应该去做什么？在谈话时选错语言会造成时间和精力的浪费，企业主要管理人员会失去威信，而对方会感到挫败和沮丧。

（二）专注于对方的利益

谈话互动时每个人心中都有一本关于自身利益的账。有些人认为准确和完美是最重要的，而有些人则对达成共识更感兴趣。企业主要管理人员越专注于倾听对方、发现对方的利益诉求，越能尽早提出满足对方利益诉求的解决方案。

（三）丢弃专业术语

谈话时不要使用缩略语。一些专业的缩略语在与某些特定群体或团队沟通时使用起来非常方便，但是，当企业主要管理人员和客户或并不是该专业领域的领导沟通时，使用缩略语会使企业主要管理人员和谈话对方产生差异。这个差异会侵蚀信赖和相互尊重，使企业主要管理人员无法获取重要的信息。如果企业主要管理人员想在沟通过程中建立共鸣和信任，请丢弃专业术语，用对方能理解的语言进行交谈。

（四）像商业顾问一样思考和表达

作为企业主要管理人员，在与人谈判时，如果对方对企业主要管理人员的提议表示赞同，表明他认为企业主要管理人员是值得信赖的。这意味着企业主要管理人员的见解、经验和视角对他人来说非常有价值。为了建立接受和合作的态度，企业主要管理人员需要做的是为了理解去倾听，而不是为了回应去听。以这种态度去倾听、理解他人，企业主要管理人员会给对方留下非常深刻的印象。一旦对方明白企业主要管理人员非常了解他们的需求，他们会更加信任企业主要管理人员，倾向于接受企业主要管理人员的意见。一般来说，战略合伙人都非常擅长解答"为什么过度关注结果会限制职业的发展"的问题。

（五）了解对方的商业驱动力

无论企业主要管理人员的工作角色或专业知识是什么，都要暂时忘记学过的技术知识，专注于他人最迫切的商业目标，这一建议确实是违反大家的直觉的。对一些受过专业培训的人士来说，这可能有一些困难，因为他们被教育从技术的角度去看待世界。那么，学会如何避免文绉绉地交流，更多地关注战略性问题以及了解对方的业务需求是企业主要管理人员的首要任务。

（六）不要和技术"谈恋爱"

大多数进入高技术领域的人都爱上了他们的技术。他们喜欢利用他们所接受的教育和培训来解决高度复杂的技术疑难问题，并为此产生极大的个人自豪感。其中存在的问题是，他们更重视成为一名"消防员"，而不是帮助他人学会"自救"。佐治亚大学的蒂姆·切斯特曾说："IT部门应该将交易工作外包，保留自身的变革性。"这种思维方式让许多受过技术培训的人感到不舒服，因为这与他们的想法和他们提供的价值有着巨大差别。他们只知道如何成为雇佣的技术达人，而不知道如何成为一个能够创造加速业务成果的顾问。对于大多数受过技术培训的专业人士来说，这种思维方式是不利于表达的。

（七）留下深刻的印象

企业主要管理人员一天中的每次互动都涉及并影响与其合作的人。关键在于企业主要管理人员产生的影响是否具有积极意义。也许企业主要管理人员的意图像积雪一样纯净，但如果他的互动是负面的，产生的影响就会恶化。专业人士需要记住一点，如果他们的工作和他们创造的价值不能带来积极的影响，给人留下深刻的印象，那么他们最终将会走向失败。

人力资源总监想要的是清晰、权威的数据。以上这7个步骤可以帮助企业主要管理人员拥有一个清晰而权威的执行方案。通过使用这个执行方案，企业主要管理人员会获得巨大的收获。

六、处理竞争优先事项

倾听也是一种艺术形式。与天才艺术家手中的画笔和油漆一样，倾听可以创造出杰作，为被倾听者带来喜悦和尊敬。

在本部分内容中，我们将讨论如何以一种让人们想说"是"的方式呈现企业主要管理人员的想法。有8种策略可以让别人对企业主要管理人员的请求说"是"。一些策略与思维方式相关，还有一些策略则与技能相关。但在每种情况下，这些策略都是促使他人对企业主要管理人员的想法说"是"的积极步骤。

（一）把他人放在首位

第一个策略就是优先考虑他人，虽然看似重复或者不必要，但是我们要思考为什么开始就提醒大家要把对方放在第一位？因为组织的各个层面都有持续的压力，甚至不惜一切代价地创造业务成果。如此可能演变成做得更多、更好、更快、更便宜，最终导致大家优先考虑结果、利润、完成任务，而不是关系、合作伙伴和长期发展。为了优先考虑他人，企业主要管理人员首先要理解对方的关注重点。企业主要管理人员需要明白如果仅仅通过一次销售完成了业务目标，自己很可能错过第二次、第三次，甚至第四次的销售机会。唯有持续地提供优先满足他人需求的服务，才能获得更多的销售机会。他们的需求是什么，如何才能使他们的需求得到满足？所有的成就都是从思考这个问题开始的。

（二）接受他人意见

成功说服别人是建立在自己也被对方说服的基础上的。在 20 世纪 80 年代，当罗纳德·里根担任美国总统并提名托马斯·奥尼尔担任众议院议长时，双方都知道总统的议程只有通过众议院奥尼尔的批准才能完成。尽管他们都是完美的政治家和谈判者，但是他们知道，相互妥协对于取得政治进步非常重要。他们对对方的意见持开放态度，并通过这样，双方达成了都可以接受的协议。

说服原则中非常重要的一点是，说服别人接受一件事情并不是非黑即白、同意或不同意的情况，而是相互妥协，让事情朝良好的方向发展。增加450 000 美元的预算也是如此。如果企业主要管理人员提供的唯一选择就是增加 450 000 美元的额外人力预算，那么他可能会失望并被视为"要么听我的，要么走开"类型的领导。在申请额外资源时，得到同事或老板的同意所需要的是让他们愿意去思考新的资源分配的方式。这是一种机智的方法，能够让他们以不同的方式看待自己的观点。开放、接受的态度在建立协作和互利的合作关系时非常有利。

（三）充满信心

许多企业主要管理人员的信心不足并不是问题。问题在于，他们的信心来自他们的头衔或他们的名字出现在组织结构图上的位置，而不是来自他们想法的力量。在这种情况下，他们的信心会被认为是傲慢。傲慢是对一个人的能力或重要意义的夸大信念，并不具有吸引力，而且会导致排斥思想的产生。

信心，应该源于对某个职位、个人或结果的确定和信念。在与合作互利思维方式相结合的情况下，企业主要管理人员对自己的想法的信心非常重要。

（四）专注当下

我们在倾听别人的表达时，经常出现与现实脱离的情况。我们可能在考虑过去说服他人的经验，考虑我们是否能获得成功，或者正在考虑未来，考虑我们对额外资源的要求以及如果被拒绝我们会做什么。当我们的思绪在过去或未来时，我们不会倾听这个人讨论他的首要需求和对未来的希望。所以当我们尝试根据过去或未来解释他，两者都使我们无法听到语言和表达中的细微线索。这种行为会使我们产生焦虑。当运动员犯了一个简单的错误时，教练总是会对运动员说"专注现在的比赛"。同样，对于变革型领导来说，吹响号角就是为了专注当下。

（五）使用假设策略

当企业主要管理人员提出一个想法时，可能会听到担心、异议或质疑。这正是企业主要管理人员想要的。担忧、异议和质疑都显示了参与度，如果对方拒绝这个想法的话则会尽快结束对话。举个例子，当听到诸如"我的首要需求是将预算减少7.5%，同时减少新信用卡促销活动中的客户等待时间，我知道这样可行，因为巴尔的摩（美国马里兰州最大城市）关闭办公室的费用将在第四季度一次性完成，我可以接受，但我确实需要减少等待时间"等说法，该如何回答？

使用假设策略的目的是为了继续对话，看看是否可以利用协作互利策略。针对举例中的问题，我们可以回答："我知道如何帮助你减少客户等待时间疑难问题。如果我的团队分享我们的减少等待时间的最佳实践并帮助你完成需要减少的时间目标，那么你是否愿意帮我有效地解决我的人员预算问题？"

（六）"三个选项"策略

如果企业主要管理人员希望有人对其申请额外资源说"是"，那么重要的一步就是为他们提供3个有吸引力的选项来获得同意。如果企业主要管理人员仅提供一个选项，最多只有25%的机会成功。只提出一个选项会让人们对其他可能性感到好奇，而回答"不"则成为停止这一猜测的最简单方法。当企业主要管理人员提供两个选项时，它会提供二元选择，这通常属于"对与错"或"好与坏"的思维过程。这也会终止猜测，并降低他人对企业主要管理人员的想法说同意的概率，就像翻转到硬币任一面的概率为50%。相反，当企业主要管理人员提供3个选项，所有选项都能够满足对方的需求或目标时，某个选项被接受的成功率最高可达90%。

（七）强大的语言策略

没有语言，我们不能要求咖啡师制作喜欢的咖啡；无法表达我们对伴侣、配偶或孩子的感受；无法告诉医生自己哪里受伤了。语言是一种强大的工具，无论是好的还是坏的，但在电子邮件和社交媒体的世界里，语言已经演化到了尽可能少的单词，例如某社交媒体限制为 140 个字符。我们现在接受"不用担心"作为积极姿态的回应，而不是"别客气"。

在某个团队会议上两位领导人讨论了一个棘手而复杂的问题。有 3 次，第一位企业主要管理人员使用的语言如"那个想法不会起作用"和"那是不必要的麻烦"。第二位企业主要管理人员使用的语言如"我们可以在这个想法上建立……"和"你的想法对我来说可以很好地帮助更清楚地思考这个问题"，以及"我们如何更快地向前推进，谢谢"。第一位企业主要管理人员的表达根植于无效的东西，而第二位企业主要管理人员的表达根植于接下来会发挥什么作用。第一位领导人正在传达一项决定，即这个内容是不可接受的，也是不可行的；第二位领导人的表达是恰恰相反的。

把我们表达时所使用的词汇想象为在肥沃土壤中种下的种子，我们接收到的回应是种下的种子的收获。前一个示例中的两位企业主要管理人员使用了不同的语言，企业内部工作人员对他们的想法的接受度应该也会有所不同，这与他们使用的语言有直接关系。作为一个变革型领导，企业主要管理人员应该尝试选择积极、令人振奋、乐观和感恩的词语，这些词语是说服他人的催化剂。

（八）展示回报策略

这个策略可能会勾起汤姆·克鲁斯在电影《杰里·马奎尔》中大喊"钱在哪"的回忆。汤姆·克鲁斯的角色是一个典型的体育经纪人，迫切希望抓住客户，并像对待足球明星客户那样谈话。金钱并不能解决我们所遇到的每一个困境，但要认识到组织中的许多企业主要管理人员非常专注于推动业务成果，并且确实将大多数决策视为财务决策。如果企业主要管理人员的请求无法让大家看到明确的投资回报，并对企业主要管理人员的想法表示肯定，那么大家可能会对企业主要管理人员的请求置若罔闻。

举个例子，一位客户非常敏锐地认识到他投资在新打印机、复印机和传真系统企业上的 179 000 美元与打印机系统几乎没有任何关系，而且打印机既不重要也不是刚性需求。企业购买的是有 10 倍的投资回报率的"企业目标加速器"。使用前面提到的几个策略，他清楚地阐述了以下内容。

①企业内部工作人员使用效率、操作简便性、故障排除和当前系统维护相关的时间成本。

②未来运营新系统的成本。

③当前系统的错误传达和文档返工的数量。

④由于效率低下而浪费的关键时间，以及如何减少 25% 的时间浪费，这是实现组织目标的催化剂。

⑤新的打印机如何给高级管理人员和其他部门带来积极影响。

数据汇总之后，得到了 3 500 000 美元的价值，保险起见，他将这个数字打了 5 折。投资 179 000 美元后的 1 500 000 美元上涨净收益为 1 321 000 美元，也就是每消费 1 美元，回报率为 700%。该计算演示向主要决策者表明，这位客户是企业的战略合作伙伴——致力为企业提供高价值结果的合作伙伴。

第六节　赞美原则

一、遏制赞美的思维方式

向企业内部工作人员灌输积极思维方式的管理者具有巨大的商业竞争优势。这样做需要领导认识到企业内部工作人员的恐惧和不确定性是正常的。领导的主要工作是帮助企业内部工作人员将恐惧转化为勇敢，然后灌输积极的思维方式。防止管理者出现消极思维方式是赞美原则中必不可少的第一步，因为这能有效地解决企业内部工作人员无法充分发挥潜力的问题

在与一些高级管理人员和企业家的对话中，我发现了更高的业绩并不取决于个人的技能，而是取决于他们的思维方式。

在当今的快节奏工作环境中，变革的最快方式是培养正确的思维方式，通过植入积极向上的思想，消除阻碍变化的消极思维。我们将在日程梳理部分更多地介绍这一点，总结来说有三种主要的抑制因素可能会阻止管理者赞美他人和自己。打消这三种消极的思维方式会带来更多的赞美，让管理者更受企业内部工作人员欢迎。

（一）沉迷过去

过去是一股强大的力量，能够促进我们实现目标或阻止我们发挥潜力。不幸的是，大多数情况下都让它阻碍我们发挥潜力。

曾有一个项目副总经理谈过一个被一再推迟且最终失败的项目。这个结果引发了所有参与者的指责，他们认为副总经理要对失败负全责。副总经理受到

了攻击，千夫所指。他有责任吗？当然有，但事实上其他企业内部高级管理人员也有责任，他们没有仔细阅读项目进展报告，后来却声称他们在事情发生时措手不及。副总经理环顾周围，只看到几天前还支持他的管理者在他被责骂时保持沉默。

这位副总经理在这次事件后所持的愤怒并没有消失。相反，这种情绪对副总经理以及其部门成员的思维方式产生了长期不利的影响，甚至还感染了团队中的其他成员，并使他的团队与其他管理者之间的工作关系变得紧张。虽然副总经理需要敏锐地意识到组织内部的政治和文化差异，但事实上同样重要的是不要像磐石一样沉迷过去。他需要的是吸取过去事件的教训，在当前文化背景下重新追求他的理想

（二）自我批评

在年度总结期间，管理者和企业内部工作人员可能会听到有关他们在过去一年中的 10 个荣誉表现，以及一个需要改进的领域。超过 80% 的管理者，只会专注于那个需要改进的方面，而忽略企业内部工作人员做得很好的事情。这类似于一只脚踏在加速器上而另一只脚在制动器上。这并不是加速的策略，事实上，这反而会造成性能损耗并降低企业内部工作人员的满意度和工作效率。

这里的问题就像是每个人每天都听两个心理广播电台。第一个广播电台传播积极和肯定的信息。例如，"你真的很有才华，你非常擅长分析复杂的想法并使它们变得实用"。另一个广播电台听起来则并不那么愉快，"你以为你是谁？你不能这样做，你并不像你想象的那么好"。无论收听哪个电台，都会影响他向他人播放的信息，这就是问题所在。不幸的是，我们收听第二个广播电台的时间远远超过收听第一个广播电台。事实上，我们已经习惯倾听负面的评价，感觉对自己的积极思考会被认为是自夸和傲慢。如果我们对自己都有这种感觉，请考虑一下这样做对企业内部工作人员和客户造成的影响。

当然，我们不可能完全脱离批评。自我抨击并没有任何好处，但事实上企业主要管理人员可以成为自己最大的支持者和最大的批评者。每天醒来后企业主要管理人员要做出选择。企业主要管理人员在收听哪个广播电台？如果企业主要管理人员正在收听负面广播电台，那么现在是时候换台了。通过每天评估注意到的内容，企业主要管理人员可以发现自己的思维方式是积极的还是消极的。

如果企业主要管理人员一直是自己最大的批评者而不是支持者，那么很明显企业主要管理人员需要做出改变了。好消息是，一旦企业主要管理人员将注

意力从消极的观点转移到积极的观点上，企业主要管理人员就会开始为自己以及周围的人创造不同的体验。企业主要管理人员可以通过调整思维方式来提供更好的表扬和认可。作为一名管理人员，企业主要管理人员有责任将自己的思维方式调整到合适的电台，然后将自己的积极思想传播给其他人。

（三）生活在恐惧中

正如前文中提到过的，在谈到我们的工作时，太多人生活在恐惧之中。对于一些人来说，是经济恐惧；对于另一些人来说，可能是情绪上的恐惧。无论恐惧的来源或类型如何，它都会对个人长期的职业发展产生破坏性影响。

考虑一下如果企业主要管理人员过着没有恐惧的生活会是什么样的。如果将企业主要管理人员的情感能量集中在积极主动地迎接挑战并为工作和家庭问题寻求解决方案，情况会怎么样？摆脱恐惧、焦虑是一种自由和赋能的行为。

对抗恐惧最好的方法是找出导致恐惧的原因。如果企业主要管理人员能确定恐惧的原因，企业主要管理人员可以重新定义它，让企业主要管理人员和企业主要管理人员的团队不再感到焦虑。下面介绍8种最常见的企业主要管理人员恐惧。

①害怕承担责任。

②害怕犯错误。

③害怕离开从事很久的工作。

④害怕被视为不聪明和不成功的人。

⑤害怕让企业主要管理人员的老板或高级管理者感到不安。

⑥害怕放弃目前的成就。

⑦害怕投资自己。

⑧害怕做出决定。

这些负面思维习惯中的每一种都会抑制领导去赞美他人。因此，企业内部工作人员听到的是一连串的需要改进的地方，而没有去考量他取得的工作成就。这种片面的评价会令人沮丧，进而导致表现不佳，人才流失。

二、阻碍赞美的因素

赞美有助于人们感受到被重视、倾听和欣赏。那些感受到被重视、倾听和欣赏的人会有更多的热情去试错，勇于承担风险，并以远远超过那些没有受到重视的人的速度成长。

在每个组织中都有一些企业内部工作人员的潜能处于休眠状态。大多数的领导都相信他的团队成员能够获得比当前更多的成就。当企业主要管理人员问企业内部工作人员是否能做更多时，通常也能够得到非常肯定的回答。值得思考的是，当企业主要管理人员问企业内部工作人员为什么他们不多做一些或者尽力做到他们能力范围内的事情，得到的答案是，他们选择不去做。能做更多但选择不做是对资源的巨大浪费。为什么人们没有充分发挥他们的潜力？总结来说有以下 6 个原因。

（一）没有回报

如果没有充分的回报，人们就不会充分发挥潜力。每个管理者、团队和企业内部工作人员都希望获得工作回报。回报可能是一种更深层次的有所作为的满足感、成就感。仔细思考，人类总是在寻找、创造意义。"我的工作是有意义、有价值的吗？" "我的努力得到赞赏和认可了吗？" 如果没有，那么工作回报就会变成简单的薪水。事实证明，金钱并不是最大的激励手段。

（二）缺乏激励的领导力

英语中的"激励"（inspiration）这个词来自拉丁语"inspire"，意思是"为生命注入某种东西"。当一个管理者的管理没有生命，只是陈述企业的使命、愿景和价值，而不是真正地去践行时，企业内部工作人员会感觉缺乏动力。毫无疑问，这样的管理者无法激励缺乏动力的企业内部工作人员，除非企业内部工作人员的动力是尽快离开这个企业。

（三）容忍表现不佳

当没有问责制，不佳表现被容忍时，人们就不会充分发挥自己的潜力。即使面对"做得更多、做得更好、做得更快、做得更便宜"这样的企业口号，当管理者无法学习、成长和改变，表现不佳也会被容忍。企业内部工作人员环顾四周，发现管理者和其他企业内部工作人员没有因为表现不佳承担任何后果，自然也就不会发挥其潜力。这会传递一个清晰且引人注目的信息，即如果企业主要管理人员表现不佳、不道德、错过业务截止日或失去一个大客户，企业主要管理人员可能不会受到惩罚。

（四）期望不明确

当期望不明确时，人们无法充分发挥其潜力。没有充分思考的管理者会导致比他们想象中更多的混乱和模棱两可。领导经常会说"我希望你处理某某项目……"。"处理"到底是指什么？"处理"对管理者意味着什么，以及"处理"

对企业内部工作人员意味着什么？当管理者清楚所期望的结果时，对时间节点的要求，相应的责任、角色、权威等应该都是明确的。

（五）没有信任或尊重

当同事和管理者没有履行承诺或没有足够的才能或技能来完成他们自己的工作时，人们就无法充分发挥其潜力。信任是指一个人的可靠性，尊重则是关于才能和技能的。当一个企业内部工作人员或管理者失去对另一个人的尊重和信任时，他们的合作关系就结束了，就没有了提高工作业绩的可能性。

（六）没有对企业内部工作人员发展进行投资

当继续教育和发展的计划被延迟或取消时，人们不会充分发挥其潜力。通过向有突出领导力的教练学习，是实现领导力显著增长最快的方式。因为我们的教练和导师是我们工作的客观观察者，可以为我们提供新的想法、观点、见解和策略，以挖掘我们从未发现过的潜力。

人们没有充分发挥其潜力的6个原因可以通过有效的实质性方式加以解决。在赞美原则中，企业主要管理人员将学习如何以翔实、真诚和及时的方式表扬他人。

通过学习如何赞美，企业主要管理人员可以使企业内部工作人员建立对自己的信心。企业主要管理人员将鼓励实验、冒险和学习，同时也将希望和乐观的态度融入工作场合。毫无疑问，企业主要管理人员会在别人和自己身上发掘潜力，表现出最佳水平。

三、摒弃批判，培养勇气和好奇心

企业主要管理人员想要培养对激情、创新和成长的鼓励，需要考虑到以下3个要素。

（一）真诚地赞美

机械、强制性地或以强硬的方式进行赞美会降低管理者的信誉度，它可能被视为虚假的、刻意的表现，这会拉大表达赞美的人与接受赞美的人之间的距离。

（二）及时地赞美

最有力的赞美形式应该是实时传递赞美。发现企业内部工作人员做一些值得注意的事情并及时对其进行赞美，不仅可以表达祝福，还可以创造一种欣赏的文化氛围。

（三）具体地赞美

诸如"干得好"之类的广泛赞誉与具体的赞誉相形见绌。举个例子，企业主要管理人员可以对企业内部工作人员说："你对这个的项目管理工作非常有帮助。你实现了我们改善客户体验的战略目标，客户对我们的表现充满信心。他们说喜欢和我们一起工作，干得漂亮。"

四、如何提高赞美能力

当企业内部工作人员思考管理者是否关注到他们正在做的事情时，真诚地赞美会创造一个积极的反馈循环，被注意到并得到赞美的行为会被继续放大。

赞美也不仅仅是针对企业内部工作人员。管理者可以先审查自己的领导力，确定做得好的事情以及应该受到赞美的事情。

尽管赞美的好处是显著的，但事实上为了最大限度地获得这些好处，必须平衡赞美和建设性的反馈意见。一些人可能认为赞美不是必要的，高质量的工作是满足期望的基本条件。那些不愿意表达赞美或那些认为赞美过分夸张和不必要的人，必须认识到，受到称赞的企业内部工作人员会更积极地参与他们的工作，表现出更高的工作效率，获得更高的客户满意度，并拥有更好的成绩记录。赞美的好处是显著的。

为了更好地培养这一关键技能，我们要确定自己如何看待赞美。在 1 ~ 10 的等级中，1 表示"不同意"，10 表示"非常同意"，请企业主要管理人员按照以下维度评价自己。

①我很乐意为企业内部工作人员、同事或合作伙伴提供真诚、及时、具体的表扬和认可。

②我一直在寻找机会和方法来确定与我合作的人的贡献。

③我被视为一个多次对有价值的工作表达赞美的人。

④我想方设法将个人成就与部门或组织的计划、目标和承诺联系起来。

⑤我积极地寻找方法，向处于困境的人灌输信心、希望和乐观。

⑥我喜欢寻找庆祝个人或团队成功的方法。

⑦我倾听的目的是理解，而不仅仅是回应。

企业主要管理人员自己给出分数后，回答以下问题。

①企业主要管理人员在这 7 个维度中的哪一个维度等级最高，为什么？

②企业主要管理人员在这 7 个维度中的哪一个维度等级最低，为什么？

③企业主要管理人员对自己的回答有哪些观察或见解？

④企业主要管理人员希望显著提高 7 个维度中的哪一个维度的等级？

这一项评估不会出现及格或挂科，也没有正确或错误之分。这是一个关于企业主要管理人员如何看待赞美以及企业主要管理人员是否有机会成为可以推动自己和团队前进的积极能量的检查手册。

根据企业主要管理人员对赞美评估的回答，以下建议将帮助企业主要管理人员提高赞美能力。

（一）诚意地表达

如果企业主要管理人员欣赏某人，就告诉他为什么他所做的事对企业主要管理人员很重要以及他对组织及其愿景有何帮助，记得要通过分享企业主要管理人员的经历来针对性地进行表扬。当表达赞美时，将其个人化是接受表扬的人认为最重要的。赞美是帮助别人认识到自己的价值。亚伯拉罕·林肯认为，谈话中最好的结果并不是让这个人高度评价自己，而是让他对自己感觉良好。赞美可以为他人注入自信的信念。

将赞美与目标联系起来，并理解为什么它对企业主要管理人员很重要。如果企业主要管理人员无法将某人所做的事情与企业主要管理人员认为重要的事情联系起来，那企业主要管理人员的赞美就会成为机械或虚伪的赞美。将赞美与目标建立连接，企业主要管理人员不仅会变得更加真诚，而且会更有意愿表达赞美，因为它与企业主要管理人员认为最重要的事物保持一致。

请记住，企业主要管理人员所表达的赞美会在一个人记忆的土壤中生根、发芽，并产生积极或消极的信念。企业主要管理人员的赞美可以使缺乏欣赏的企业文化得到滋养。人很少是邪恶、狡猾和讨厌的，但事实上有些人面对问题可能会不知所措、无法表达，因为他们周围的赞美气罐是空的，所以无法说出鼓励的话。

（二）及时地表达赞美

为了及时地表达赞美，企业主要管理人员需要注意观察。及时性源于当下，关注那些正在进行重要工作的人。企业主要管理人员可能有一场会议接着一场会议要参与，并且有 200 封电子邮件等着企业主要管理人员的回复，但请记住，对企业主要管理人员最重要的人在不断地关注企业主要管理人员并从企业主要管理人员的行为中获取线索。如果企业主要管理人员不注意观察企业中正在发生的事情，那么企业主要管理人员就会错过成为吸引人们做好工作的吸铁石的机会。

及时性是赞美的乘数。及时性会增加、放大赞美的影响。如果企业主要管理人员做了一些值得注意的事情，并得到了周围人的好评，赞美会是珍贵的，但如果是立刻得到了赞美，赞美会在新鲜的回忆中被触发。这会增加赞美的影响，使其更加内化。

不要相信自己的记忆。观察一个值得注意的事件与重新评估事件之间的时间越长，企业主要管理人员所拥有的细节和详情就越少，随着时间的推移，企业主要管理人员的感情和回忆会逐渐淡化。

（三）及时应用赞美

想想前一天，企业主要管理人员有没有发现什么值得赞美的地方？如果有的话，是什么？企业主要管理人员明天可以对那个人说什么来表达企业主要管理人员所感知到的价值？企业主要管理人员打算什么时候说出来？请明确想想上周或下个月，是否错过了赞美别人的机会？错过赞美此人的机会的结果是什么？如果可以的话，企业主要管理人员将做点什么来弥补？如果企业主要管理人员当时表达了赞美会有什么结果呢？

（四）具体地表达赞美

始终记得分享"为什么"赞美。表达他人所做的事情对企业主要管理人员、客户、重要项目或同事重要的原因。越具体，影响就越大。将赞美想象为激光束，指导企业主要管理人员在忙碌的工作中对标，瞄准对企业主要管理人员来说最重要的事项、承诺或目标。

将企业主要管理人员所给予的赞美与个人的职业、梦想、愿望联系起来。这要求企业主要管理人员作为管理者知道什么对这个人重要，当企业主要管理人员这样做时，赞美的差异性可以带来更多的回报，让企业主要管理人员更满意。举个例子，企业主要管理人员可以说："珍妮特，我知道你想要有机会领导一个团队参与战略项目。你今天的工作证实我需要尽快帮助你找到这个机会。当你向执行团队介绍项目范围和结果时，他们非常喜欢你清晰的表达和理念。执行团队受到了鼓舞和激励。这正是我们团队管理者所期待的。让我们更加充分地讨论哪些机会适合你吧。"

将企业主要管理人员的赞美与持续学习、成长和创新联系起来。举个例子，使用前面珍妮特的示例，管理者可以使用以下消息开始或结束团队会议："在我们开始之前，我想让大家知道珍妮特做了出色的工作。昨天，她将项目介绍给了执行团队。演示如此引人注目的原因在于她对客户、企业内部工作人员和我们的价值进行了清晰、全面、非常有竞争力的解释。我希望大家在看到她的时候向她表达感谢，我们在下次会议上会花20分钟回顾一下她为此次演讲付

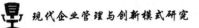

出的努力。对我们所有人来说，明确、清晰和竞争力是很重要的，我们可以向珍妮特学习。好的，现在回到我们的议程。"赞美是管理者和团队变革、成长的动力。

如果企业主要管理人员真诚、及时、详细地实施这些建议，那么这些建议可以对企业主要管理人员的领导产生积极影响。

第七节　准备原则

一、寻找动力

慢慢地企业主要管理人员会发现自己正在做的事情不再有效。对技术高管来说最难的事情之一是离开他们享受的技术工作。他们因为编程的乐趣或技巧进入了技术领域，并且已经迷恋于编程或其技术的复杂性。

虽然热爱并擅长是工作成功的关键，但事实上他们却忽视了技术为组织带来的商业价值。

当有人建议他们忘记他们的技术，而是专注于他们技术的商业价值时，会得到一个目瞪口呆的表情。他可能会认为这好像在让他们把自己的孩子丢弃到孤儿院。他们所经历的分离焦虑源于他们内心的价值认知。

如果他们是技术专家，他们将被视为有价值的、成功的人。当他们被要求专注于技术投资的商业价值时，他们不知道如何做到这一点，他们从未学过如何计算技术支出的投资回报率，所以会有反对、沉默或逃避的反应。重要的是，在他们知道如何做之前，直到他们看到这样做的价值，他们都会坚持待在已知、安全的舒适圈，不愿意离开。

医疗保健行业也是如此。好多医生和护士，他们只通过他们的专业或实践领域的棱镜来看世界，从不考虑实践领域对整体业务的影响。在高等教育中也可以发现同样的情况，许多教授从未离开过安全和舒适的象牙塔，不知道什么才是工作环境中的最佳利益。

那么为了离开已知和可预测的舒适圈需要做些什么呢？如果企业主要管理人员想获得梦寐以求的成果，那么就要准备好面对领导力的考验，并认识到以下4个关键的动力，以用来离开安全、舒适和已知的圈子。

（一）梦想

当企业主要管理人员有职业梦想时，有时可能会感到很大的不满。不满意表明企业主要管理人员的梦想有遭到挫败或失败的风险。如果企业主要管理人员从未对自己现在的状态或周围发生的变化感到不满，要么企业主要管理人员的梦想太小，要么企业主要管理人员对现状有前所未有的宽容。当人们对裤子的尺寸感觉不满意或对衣服的合身情况感到危机时，可能会节食；当人们对当前车辆感到不满意或者驾驶新车型的梦想贯穿于脑海时，可能会买一辆新的车。我们每一个不满都源于我们的梦想。

领导力也是如此。企业主要管理人员对领导的哪一部分不满意？企业主要管理人员认为领导层中哪些部分需要以不同的方式来体现，以便企业主要管理人员可以更多地享受工作并对其他人产生更大的影响？不满意不是消极的，它是企业主要管理人员追求更大梦想需要的催化剂，它会督促企业主要管理人员离开舒适圈。

（二）选择

我们每个人都有可能会堕落或者上进。这是我们可以做出的选择，而且是我们自己的选择。企业主要管理人员今天选择哪个？选择上进发展需要勇气。正如约瑟夫·坎贝尔在《神话的力量》中所说的那样，选择走出安全、舒适、熟悉的空间，去到未知领域，这是一个英勇的选择。企业主要管理人员可能会感到不满，甚至不情愿地迫使自己在已知和安全领域之外冒险，即使没有清晰的路径，也要追求不同的东西。

不满意促使我们明白维持现状不再是唯一选择，让我们即使面对未知的情况，也能在信仰和勇气的支持下，选择向未知的方向前进。变革型领导的过程绝不是线性的，这个过程需要这7项原则。每一项原则都可以帮助企业主要管理人员变得更加勇敢，从而避免企业主要管理人员忽略过去的目标，促使企业主要管理人员在未来取得成功。

（三）信念

我们要明确要成为一个变革型领导，企业主要管理人员必须相信自己不是受害者。企业主要管理人员有能力做出决策、制定计划、学习新技能并拓展经验，从而对组织、客户和企业内部工作人员产生价值。几乎没有例外，组织中的高级管理者都会相信某些事情，并且在他们的角色、范围或影响方面有目的地创建他们想要创建的内容。他们相信自己所设想的是可能的，并且有责任实现它。

在休·布兰与星巴克合作时，一位高级副总裁告诉他关于创始人兼首席执行官霍华德·舒尔茨如何开始在星巴克担任营销经理，并在4年后因为与业主意见不合而离开了自己的咖啡企业的故事。霍华德·舒尔茨相信离开并创办自己的企业会更好。4年后，他从原来的所有者那里买下了这家企业，现在全世界有31 000家星巴克咖啡店。

这个故事是为了告诉大家，是什么成就了今天的星巴克。星巴克由一位首席执行官领导，他认为应该避免那些不正确且没有潜力做好工作的情况。霍华德·舒尔茨的离开有风险吗？当然。有好处吗？当然。霍华德·舒尔茨的大量资本是一种信念，即他所选择的生活绝不是由环境决定的。他相信并选择以他更有控制力和影响力的方式过自己的生活，而不是将其委托给他人。企业主要管理人员的所有决定都会像霍华德·舒尔茨的决定那样为自己带来好处吗？实际上，是的，它们会的。只是看起来有所不同而已。

如果企业主要管理人员有梦想，愿意去选择并相信它，那么企业主要管理人员极有可能会在舒适圈之外活动。接下来的承诺是要不断地将一只脚放在另一只脚前，而不需要保证一切都将是完美的。这些会让企业主要管理人员每天都取得对自己来说重要的和振奋人心的进步。

（四）行动

领导力主要是一种独立活动，因为没有人可以控制企业主要管理人员的梦想、选择或信念。企业主要管理人员必须自己做所有的这些事情。一旦企业主要管理人员敢于去想，敢于做出决定，并培养出一种不可动摇的信念，每天做一些事情就会让行为变得更加自然。每个成功的管理者都更倾向于采取行动，坚持每天采取行动会使企业主要管理人员更接近成功和满足。

最缺乏供应量的激励因素是梦想和信念，有最大供应量的是行动。这就是许多领导人面临的困境。他们发现自己被迫采取行动，但并没有明确自己的梦想，也还没有培养出成功所必需的信念。

企业主要管理人员应该为突破做好准备。如果企业主要管理人员喜欢在工作上取得突破，想让这种突破在专业工作中取得意义，那么企业主要管理人员需要在突破之前做好细分准备。在突破之前，常见的做法是沟通、资源分配的细分，企业内部工作人员或管理者信任和尊重的细分。无论企业主要管理人员想在哪个方面取得突破，都需要克服最大的障碍，即离开舒适圈，并开始冒险历程。

二、准备实施

计划是规划个人转型，以此引导企业主要管理人员所希望的组织转型。

在目标原则中我们知道，明确企业主要管理人员的目的与通过有色眼镜看生活不同。关于目的、意义和重要意义的问题，不是软绵绵的问题，而是客户勇敢地挑战自己的强硬战略生活问题。

对于企业主要管理人员们中的大多数人来说，每日的待办事项清单迫使企业主要管理人员与生活做交易，导致企业主要管理人员从未计划过最有价值和最丰富的生活。因为不在计划中，所以它不会发生。

在工作或个人生活中实现了非凡成就的人，一般都有一个清晰而有说服力的计划来实现对他们来说重要的事情。在本部分内容中，给大家介绍将理论转换为可操作行为的后续步骤。毫无疑问，一旦拥有一个企业主要管理人员相信的领导计划和对企业主要管理人员有吸引力的目标，企业主要管理人员就能够弄明白自己的领导力计划。

变革型领导的以下三个特征是不断传输到领导组织的日常工作中的。

第一，变革型领导会觉醒。

变革型领导计划中的第一件事情是觉醒。这里的"觉醒"当然不是早上睁开眼睛然后起床，而是他们认识到自己的希望、梦想和抱负，他们能发现自己对他人产生的影响，清楚自己什么做得好，什么做得不好，以及要做些什么来改善。

从这个意义上来说，觉醒是管理者通过不断观察对他们最重要的人的眼睛，并清楚地看到自己的行为和思维方式的过程。

他们认识到其他人对他们的电子邮件、语音邮件和会议的反应。他们也在逐步认识到企业内部工作人员的动机和习惯是什么。举个例子，他们认识到这样一个事实，即当组织中最资深的高管参加他们的会议时，企业内部工作人员会过于紧张，以夸大的方式描述他们的工作。变革型领导会意识到他们的行为对其他人的影响，这会是提高业绩或绩效下滑的催化剂。

第二，变革型领导会成长。

当变革型领导成长时，他们会对自己的行为及其影响承担百分之百的责任。他们不以任何方式回避他们有责任的事实。反过来，他们对自己的行为和决定承担全部的责任，并且愿意这样做。他们已经逐渐认识到人们会不断地观察他们，并对他们应该做些什么以及他们应该如何表现提出意见。

他们在成长中也意识到这样的事实，即许多企业内部工作人员不喜欢被追究责任，以及管理者的主要工作之一是树立模范和讲述事实。这对变革型领导来说不是理论上的，而应该是每天和每周的行为。

第三，变革型领导会参与。

参与并不仅仅是指人出现，而是指在精神和情感上的参与。通过参与，变革型领导可以意识到实现其目标所必需的优先事项和承诺，以及应该执行的项目。他们会以身作则，以直接和有力的方式传达管理者的信息。

变革型领导认识到他们唯一的工具就是他们自己。这个思想既是一种解放，也是一种束缚。企业主要管理人员是两种结果的载体，非凡的表现和普通的表现。通过企业主要管理人员的行动，人们将会知道企业主要管理人员的立场、价值、希望和奖励。对于变革型领导来说，参与的过程永远不会结束，虽然他们并不希望这样。

变革型领导认识到做转型工作不是数字游戏，也不是 A 点到 B 点的直线关系。有些迂回路线甚至偶尔会让管理者走上死路，虽然很多人可能认为这是浪费时间，但变革型领导认为这些绕路可以为持续学习者提供绝佳的表现机会，学习者渴望通过成功和失败的经验进行创新和成长。

为了让计划成功，企业主要管理人员需要不断地调整、成长和参与。如果企业主要管理人员不接受这种情况，那么生命就是一个充满意外结果的旅程。准备原则不是关于如何具体管理企业主要管理人员的日程表，而是向企业主要管理人员强调每天生活的目的，对于优先事项和承诺，企业主要管理人员必须有目的地做出选择，否则将不会成功。关注企业主要管理人员的领导能力以及个人生活，企业主要管理人员的人生就是企业主要管理人员的计划之一。

第三章 现代企业管理的策略

本章主要对现代企业管理的策略进行了介绍，分别从现代企业客户关系管理策略、现代企业公共关系管理策略、现代企业后勤管理策略三个方面进行了详细论述。

第一节 现代企业客户关系管理策略

一、客户关系管理概述

（一）CRM 概念的起源和发展

1999 年，高德纳咨询公司（Gartner Group）提出了 CRM（Customer Relationship Management）概念，也就是客户关系管理概念。在提出客户关系管理概念之前，Gartner Group 公司提出的 ERP（Enterprise Resource Planning，企业资源计划）概念中，客户只是供应链管理中的一个环节。现在将客户关系管理单独作为一种概念理论提出，也可以看出客户关系管理对企业发展的影响越来越明显。从字面上来看，CRM 指的就是客户关系管理，但从深层次来看，其内涵却有多种不同的解释。

作为一个应用软件的 CRM 不仅仅是一个软件，更是一种技术能力和方法论，同时也是一种商业策略。在更广泛的意义上，CRM 就是企业进行客户关系管理的一种战略方法。

（二）客户关系管理的作用

随着市场竞争日趋激烈，企业客户关系管理对于企业的影响越来越大。企业能否获得更多客户，能否维持住现有客户，成了影响企业持续稳定发展的关键因素。善于进行客户关系管理的企业，能够在市场竞争中获得更多客户。从而增加企业的经济效益。

客户资源已经成为企业的一项重要资源，客户关系管理是获得客户资源的主要手段，同时也是提高企业市场竞争力的重要渠道。一般来说，客户关系管理对于企业发展主要具有以下几个方面的作用。

①在现代市场竞争中，客户是一种宝贵的资源，企业只有建立良好的客户关系，才能够最大限度地开发客户。客户资源是企业发展的重要动力，客户关系管理，能够提高企业的综合竞争力，帮助企业在市场竞争中立于不败之地。

②客户关系管理可以帮助企业有效地收集和管理客户关系信息。在获得更多新客户的同时能够长期留住老客户，为客户增加终身价值并减少客户流失。

③客户关系管理可以提高销售过程的效率，节省营销成本。

④客户关系管理可以降低营销风险。

⑤客户关系管理可以提高组织的盈利能力。

（三）CRM 系统的选择

云 CRM 系统与本地 CRM 系统的优势对比如图 3-1-1 所示。

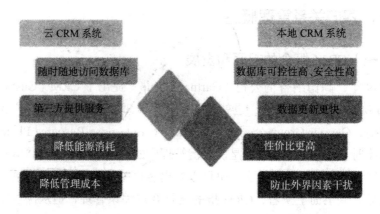

图 3-1-1 云 CRM 系统与本地 CRM 系统的优势对比

1. 云 CRM 系统

对于规模较小的企业来说，运行于云端的 CRM 系统是一个不错的选择。云 CRM 系统不仅能够提高中小规模企业的运营效率，同时还能减轻企业内部工作人员的工作负担。云 CRM 系统主要有四个方面的优势。

（1）随时随地访问数据库

将企业客户管理数据接入云端网络，可以让企业内部工作人员随时随地进行数据访向。对于销售人员来说，即使身处外地，也能随时随地访问云端数据，大大提高了业务开展的效率。

（2）第三方提供服务

由第三方服务商维护云端数据库，可以减轻由企业自身的日常维护工作所带来的压力，同时第三方服务商还能够对系统配置进行改进。

（3）降低能源消耗

将企业数据与信息存储在云 CRM 系统中，可以节省更多的能源。在互联网服务器上存储数据所消耗的能源，要比在本地私有服务器上存储数据消耗的能源小很多。

（4）降低管理成本

使用云 CRM 系统可以更好地降低管理成本。云 CRM 系统的收费方式主要以消费者数量按月或年为使用周期，进行先使用后交费。

2. 本地 CRM 系统

对于规模较大的企业，在选择 CRM 系统时，会更倾向于使用本地 CRM 系统。当一个企业有条件去架设私有服务器的时候，自然也就没有必要再去使用互联网上的公有服务器了

相比于云 CRM 系统，本地 CRM 系统具有一些不同的优势。

（1）数据库可控性高、安全性高

本地 CRM 系统在企业对客户信息的掌握上，可以达到最高水平。对于一些重要的企业信息，如果外包给外部服务商，很容易出现泄露的危险。如果企业存储的信息只是由内部使用，且处于高度管制下，使用本地 CRM 系统就是最为安全的。

（2）数据更新更快

使用本地 CRM 系统，企业可以直接控制数据更新过程。而云 CRM 系统想要更新数据，往往需要通过第三方服务商来进行。

（3）性价比更高

云 CRM 系统的费用并不固定，因此，如果企业数据库日常访问量非常大，那使用本地 CRM 系统就是一种更高性价比的选择。

（4）防止外界因素干扰

云 CRM 系统将日常维护工作交给外部服务商，能够减轻企业工作负担，但同时也让企业容易受到与服务商之间连通性问题的影响。使用本地 CRM 系统因为不存在第三方服务商，因此能够防止受到外界因素的干扰。

企业在进行客户关系管理时，选择合适的 CRM 系统是至关重要的。如果选择了不合适的 CRM 系统，不仅客户关系管理工作难以取得效果，企业的其他管理工作也容易受到影响。在选择 CRM 系统时，企业主要管理人员应该认真思考以何种方式来管理客户的数据和信息，才能够提升企业的业务水平。在思考问题的同时，还要考虑清楚选择 CRM 系统之后可能需要面临的后果。

二、客户关系管理策略

企业主要管理人员必须意识到 CRM 是一种企业策略，其目的就是让企业能够根据客户类型进行客户关系管理，从而改善客户对企业产品或服务的满意程度，提高企业利润。在企业管理过程中，应该将 CRM 上升到企业战略的高度，它会对企业长期战略目标的实现起到巨大的推动作用。所谓客户关系管理策略就是指从管理和战略的角度来明确 CRM 的发展目标，同时确定其对组织、技术等内容的要求，从而为客户关系管理的实施规划战略方向。企业可以通过不同的策略与客户建立起特殊的关系，具体来说，企业的客户关系管理策略（图3-1-2）主要表现为以下几个方面的内容。

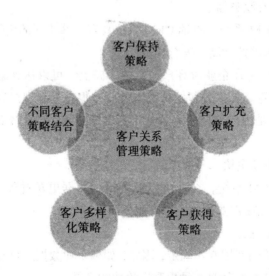

图 3-1-2　客户关系管理策略内容

（一）客户保持策略

随着市场竞争日趋激烈，客户资源成了市场竞争中的关键资源，企业的客户保持率、客户份额率也成了衡量企业是否成功的重要指标。企业想要增加客户份额,就要进行客户关系管理。在客户关系管理中,客户获得是一个关键环节,而客户保持则是关键中的关键。企业在进行客户关系管理时,一方面要注重多吸引新客户,另一方面还要注重保留住老客户。现在,很多企业都将保留老客户作为企业客户关系管理策略的一个主要目标。所谓客户保持,就是指企业通过各种方式来巩固及发展与客户之间长期、稳定关系的一个动态过程。

企业在向新客户推销产品时成功率很低,而在向老客户推销产品时的成功率则高达一半以上。

如果一位客户对企业的产品或服务存在不满,那他可能会将自己的不满经历告诉多个人。而一位对企业产品或服务满意的客户,只会将自己的满意经历告诉少数人。如果企业能够快速对产品或服务给客户带来的不满给予关注,那大多数对企业产品或服务存在不满的客户还会继续购买企业的产品或服务。客户保持能够在很大程度上节约企业的经营成本。相比于在客户开发方面大力投入,企业主要管理人员更应该注重客户的保持。

1. 客户重复购买的意向的影响因素

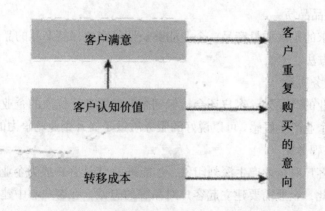

图 3-1-5　客户重复购买的意向的影响因素

客户满意是指客户对供应商的总体感受和评价。

客户认知价值是指客户对供应商提供的相对价值的主观评价。

转移成本指的是客户对结束与现在供应商的关系、建立新的替代关系所涉及的相关成本的主观认知。

2. 客户保持要素分析

客户保持要素分析如图 3-1-6 所示。

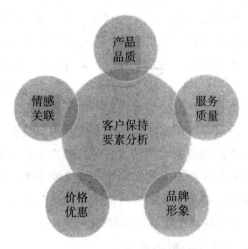

图 3-1-6　客户保持要素分析

（1）产品品质

客户追求的是高质量产品，企业能够长期稳定地保持产品的品质，是保持客户的根本方法。

（2）服务质量

除了企业的产品外，客户还会接触到企业的服务。优质的企业服务会让客户更容易对企业产生好感。可以说好的服务质量是提升企业竞争力的关键要素。

（3）品牌形象

只有让客户对企业产生深刻印象，才能进一步让客户成为企业品牌的忠实拥护者。因此，企业需要建立起客户对品牌的忠诚，在客户心中建立起良好的形象。

（4）价格优惠

质量相近、价格更优惠的商品或服务自然会得到客户的青睐。企业可以通过价格上的优惠来保持客户。价格优惠不仅仅体现在价格低廉上，更为重要的是企业能够为客户提供他们所认同的价值。

（5）情感关联

企业除了要与客户建立起业务关联外，还需要建立起除了商品和服务之外的关联。通过情感关联可以强化企业与消费者在商品交易上的关系。

（二）客户扩充策略

企业应该不断扩大自己的客户群体，实现这一策略的最直接方法就是为客户提供更为广泛的产品和服务。

（三）客户获得策略

获得更多客户永远是企业客户关系管理策略的重要组成部分。

在客户获得策略中，企业主要管理人员需要做好客户识别（图 3-1-2）、客户选择和客户开发三个方面的工作。下面主要介绍客户识别和客户开发。

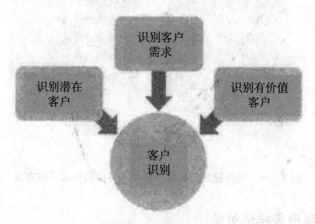

图 3-1-2　客户识别

通过客户识别寻找到的客户，就是企业客户关系管理策略的实施对象，客户识别也为企业成功实施客户关系管理策略提供了重要保障。从具体的作用来看，客户识别的作用主要表现在以下两个方面。

①客户识别影响着客户保持。

客户关系管理的重点就是客户保持，企业在进行客户保持时需要付出一定的成本。因此，在保持客户时，需要寻找到那些有价值的客户。客户识别就是一种寻找有价值客户的重要手段。

②客户识别影响新客户获取。

新客户获取是企业客户关系管理的重要内容，从成本上来看，新客户的获取成本要高于老客户的保持成本。因此，在获取新客户的时候，选择那些最有可能成为企业客户的潜在客户，就可以减少一些不必要的新客户获取成本。通过客户识别来找到潜在客户，能够让企业使用同样的成本，获得更多的新客户。

所谓客户开发，指的就是将企业的目标客户和潜在客户转化成现实客户的一个过程。主要是采取引导和劝说的方式，让客户产生购买行为。在开发客户时，既可以采用直接接触目标客户的方法，也可以采用间接寻找目标客户的方法（图3-1-4）。一般情况下，这两种方法经常被综合在一起使用。

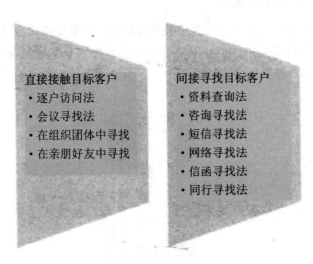

图 3-1-4　直接接触目标客户及间接寻找目标客户的方法

（四）客户多样化策略

客户多样化策略意味着企业应该将策略重点放在利用新产品或者新服务来获得更多新的客户上。这一策略的实施会存在一定的风险问题。

（五）不同客户策略结合

企业客户关系管理需要综合运用多种策略，企业可以依靠老客户推介自己的产品或服务，同时将客户获得策略和客户扩充策略相结合，用客户保持策略维护新获得的客户。这样才能让企业在源源不断获得新客户的同时，让现有客户变得更加忠诚。

第二节　现代企业公共关系管理策略

一、企业公共关系管理基本职能

公共关系指的是一个社会组织与其相关的社会公众组织之间的社会关系。企业公共关系管理就是处理好企业与其他社会公众组织之间的社会关系，帮助企业更好地发展。一般来说，企业公共关系管理主要有以下几个基本职能（图3-2-1）。

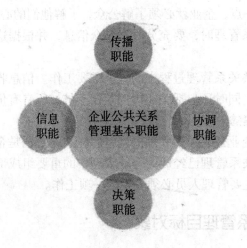

图 3-2-1 企业公共关系管理基本职能

（一）传播职能

企业公共关系管理需要将企业内部信息向外输出，同时将公众的信息向企业内部输入，从而形成一种"双向的沟通"。传播职能是公共关系管理的基本职能。对外传播的目的主要是树立良好的企业形象和企业信誉，企业公关部门可以选择不同的方式进行对外传播。作为一项经常性工作，在对外传播过程中应该讲究一定的传播策略，企业在不同时期需要进行有针对性的对外传播。对内传播主要是吸收公众意见，在这个过程中，同样需要讲究一定的方法策略。如果传播方式不当，将会产生负面的效果。

（二）协调职能

企业公共关系管理的一个重要职能是协调职能。面对企业内部和外部的纠纷、矛盾，企业公关部门应该充分发挥公共关系管理的协调职能，使用正确的方式进行协调。在不损害双方利益的情况下，有效地解决纠纷，维护企业形象。

（三）决策职能

企业公共关系管理能够帮助企业主要管理人员进行高效决策，对于企业的重大决策问题，公关部门可以根据分析研究给出合理意见。

（四）信息职能

企业公共关系管理的一个根本目的就是建立和维持企业与公众之间的互利关系。想要做到这一点，企业就必须了解公众，了解他们的心理和需求。因此，企业在进行公共关系管理时，要充分收集公众信息，并根据这些信息作出预测和决策。

信息收集是公共关系管理过程中的一项重要工作。信息收集的对象不仅包括社会公众和组织，同时还包括企业内部工作人员。所有有价值的信息情报，都应该作为信息收集的内容。

这些职能既是企业公共关系管理的基本职能，同时也是企业公关部门的重要功能。企业公共关系管理已经成为企业管理中的重要组成部分，公共关系管理工作也成为企业主要管理人员必须重视的一项工作。

二、公共关系管理目标对象

企业公共关系管理需要针对不同的对象（图 3-2-2），处理好不同的关系。

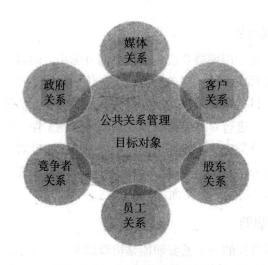

图 3-2-2　公共关系管理目标对象

（一）政府关系

公关部门处理政府关系，主要表现在关注和收集政府决策的有关信息，鼓励企业内部工作人员参与政府倡议的活动，与政府决策部门展开良好沟通，与政府进行互惠合作。其目的是取得政府对企业在政策和资源方面的支持。

（二）媒体关系

媒体关系是公关部门最常处理的关系。公关部门应该了解不同媒体的特性，处理好与各种媒体之间的关系。

（三）客户关系

客户关系是公关部门需要处理的重要关系。公关部门处理客户关系的主要表现包括及时妥善处理客户投诉、收集整理客户的意见和建议、做好客户咨询工作等。

（四）股东关系

公关部门处理股东关系，主要是做好股东代表等关系的维护。

（五）员工关系

公关部门主要通过内部公关和内部公告来维护员工关系。例如，公关可以通过定义管理制度、制作易传手册等来实现，也可以通过组织员工培训来管理员工关系，等等。

（六）竞争者关系

公关部门处理竞争者关系，主要是通过了解竞争者的信息和产品，创建与竞争者交流信息的渠道，加强与竞争者的信息交流与合作。

三、公关部门管理职责

公关部门管理职责如图 3-2-3 所示。

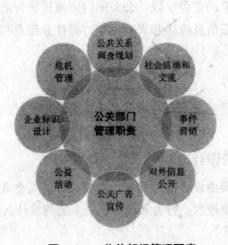

图 3-2-3 公关部门管理职责

79

（一）公共关系调查规划

公共关系调查规划是企业公关部门的首要工作职责，公关部门应该充分调查、分析企业公共关系的需求，制定出切实可行的企业公关传播发展战略，并为企业公共关系管理做出中长期规划。

（二）社会活动和交流

企业公关部门应该经常参与行业内社会组织之间的沟通交流活动，并协助企业主要管理人员与相关政府工作人员、重点客商进行沟通，经常安排业务情况介绍和接待活动。

（三）事件营销

事件营销是一种利用社会事件进行企业营销的活动，通过借助社会大众关心的焦点事件，结合企业产品特点，适度做软文推广。

事件营销还包括策划和实施大型公关活动项目，制定媒介公关策略。主要表现为利用节庆假日进行促销宣传活动，宣传和提升企业形象。

（四）对外信息公开

企业需要及时向外界传播自身可公开的信息，这些工作需要公关部门来完成。公关部门通过媒体、会议等渠道公开进行信息发布。同时也可以通过新闻发布会、研讨会等形式，来增加企业的受关注程度。

（五）公关广告宣传

制定公关广告传播计划、撰写企业新闻稿件，也是公关部门的主要职责，是宣传和提升企业形象的重要手段。公关部门应该挑选合适的媒体进行广告宣传，同时还应该建立起信息收集和研究机制，将社会热点和企业相关活动结合起来，进行事件营销。

（六）公益活动

公关部门还应该经常发起公益活动，为企业赢得更好的口碑，营造贴近民众的形象。

（七）企业标识设计

企业标识设计主要由设计部门完成，但公关部门是企业标识设计的开端。企业标识设计包括企业理念、行为和视觉识别系统的设计。

（八）危机管理

1. 危机管理含义

危机管理，是指应对危机事件所涉及的机制。消除危机风险的行动和措施可以算作危机管理。但对于企业来说，需要完善的危机管理机制。企业危机管理通常具有组织性、学习性、适应性和连续性的特点。有效的危机管理需要确定在危机时期有利于企业的因素，扭转危机对企业的影响必须了解危机的规则。掌握应对危机的方法可以减少危机带来的损失，促进企业持续健康发展。

2. 危机管理目的

危机公关专家游昌乔将企业危机管理的目的总结为六个方面（图3-2-4）。

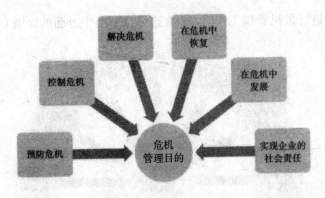

图3-2-4 危机管理目的

（1）预防危机

预防危机是危机管理的首要目标。防控可以说是危机管理成本最低、最简单的方法。在危机管理过程中企业应收集和隔离所有潜在风险。同时，应广泛征求各方意见，消除部分可能引发危机的原因。

（2）控制危机

控制危机主要是建立危机应对部门，制定相应的危机管理制度、程序和计划，以确保在发生危机时我们可以冷静应对，将危机影响控制在合理范围内。

（3）解决危机

解决危机主要是指利用危机公关方法来预防和消除危机，尤其是在处理计划中的危机和危机管理流程方面。

（4）在危机中恢复

危机会给企业带来不可预测的后果。企业危机管理的存在是为了振兴和重塑企业。

（5）在危机中发展

危机管理最重要的部分是总结危机。总结从危机处理中吸取的经验教训将有助于企业更好地发展。在很多情况下，危机对企业来说并不总是坏事。只要危机得到妥善管理并从中吸取教训，就能寻找机会促进企业发展。

（6）实现企业的社会责任

有效的企业危机管理可以促进社会稳定和进步。如果企业的危机管理能力不足，危机处理不当，可能会给社会带来负担，影响社会的稳定与和谐。

3. 危机管理原则

企业在进行危机管理工作时，需要遵循以下七个方面的原则（图3-2-5）。

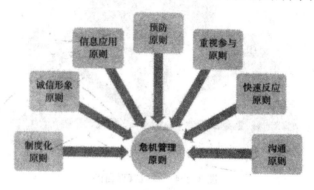

图 3-2-5　危机管理原则

（1）制度化原则

在许多情况下，危机是不可预测的，通常是紧急情况。这些紧急情况将在很短的时间内对企业产生不利影响。所以，应在组织内建立一套制度化和系统化的危机管理机制，以应对这些紧急情况。

虽然这种危机管理机制在企业的日常运作中并没有发挥重要作用。但这种机制会在危机时期被激活并发挥重要作用。一些大企业有完善的危机管理机制，这就是危机对这些企业影响较小的原因。

危机管理机制使企业能够在危机发生时迅速采取行动，有条不紊地进行日常运作。

（2）诚信形象原则

诚信是一个企业的生命线。大多数危机都会影响企业诚信形象，甚至严重影响企业的生存。企业危机管理的关键任务是维护和塑造企业的形象，因此，在危机管理过程中，企业应尽量减少其诚信形象的损失，并且在使用特定措施时必须努力维护其诚信形象。

（3）信息应用原则

随着信息技术的不断发展，企业危机管理越来越依赖于良好的危机管理信息系统。危机管理信息系统可以帮助企业更快、更准确地获取信息，为企业危机管理提供必要的支持。

当企业进行危机管理工作时，必须建立一个高度敏感和复杂的数据检测系统，随时收集各方面的信息并及时分析处理。只有这样，才能消除隐患，起到防范危机的作用。

（4）预防原则

企业危机管理工作需要"防患于未然"，同时预防危机也是企业危机管理的重点。为此，建立规范的危机管理预警机制至关重要。

（5）重视参与原则

企业团队主要负责人应参与危机管理工作。这是有效、高效化解危机的重要举措。危机管理任务通常会同时转移到企业中的不同部门，也需要多部门的协调。在一个企业中，只有对企业负责的人才能进行统一指挥和协调。只有这样，企业的危机管理工作才能得到协调和顺利执行。在许多危机管理案例中，企业团队主要负责人缺乏关注和参与已成为危机管理失败的主要原因。

（6）快速反应原则

危机事件往往突然发生且传播速度非常快。这使得管理企业的危机变得非常困难。当面临危机时，响应速度将影响关键事件是否有效解决。在进行危机管理时，需要保持冷静，先找原因，同时，企业需要尽快启动危机应对计划。

（7）沟通原则

沟通是企业危机管理的重要组成部分。在危机管理过程中，企业需要与企业内部工作人员、媒体、政府、消费者和许多其他利益相关者进行沟通。沟通可以有效消除危机对企业的负面影响，因此企业应增强沟通意识，在危机管理过程中及时与利益相关方沟通，让公众了解事件的真相，努力理解和支持民意。

4. 危机管理流程

根据危机事件的发展过程，我们可以将危机管理工作分为三个不同阶段（图3-2-6）。

图 3-2-6　危机管理工作的三个阶段

（1）危机防范阶段

在危机防范阶段，主要需要做好以下几个方面的工作。

①组建企业危机管理应对小组。

②观察危机发生前兆，分析危机影响程度。

③高度重视危机事件，预先制定科学周密的危机应对策略。

（2）危机处理阶段

在危机处理阶段，主要需要做好以下几个方面的工作。

①在危机发生后，迅速采取有效措施隔离危机，阻止事态继续发展，并迅速找出危机发生的原因。

②迅速启动危机应对策略，防止事态扩大。

③将公众利益放在首位，努力维护企业形象，获取长远利益。

④在危机应对策略开展过程中，要随机应变，针对具体问题，随时提出修正措施，应对危机蔓延。

（3）危机总结阶段

①调查。迅速调查危机发生的原因、相关预防和处理措施。

②评价。全面评价危机管理工作，详细罗列危机管理工作中出现的各种问题。

③整改。对危机管理工作中出现的问题进行归类、汇总，提出整改措施。

5.危机管理对策

企业在经营管理中，可能遇到的危机是多种多样的，无论是哪种形式的危机，都会对企业发展造成不小的影响。企业危机管理工作就是将这些危机消灭，把危机可能造成的损失降到最低。

不可否认，危机事件具有偶发性，但危机管理工作马虎不得。企业应该建立起完善的危机管理机制，制订全面的危机管理对策，只有这样，才能将危机事件的负面影响最小化。

一般来说，危机管理对策主要包括以下四个方面的内容（图 3-2-7）。

图 3-2-7 危机管理对策

（1）危机预防对策

①危机意识。当企业采取行动来管理危机时，必须提高对危机的认识，并让企业内部工作人员将危机预防作为日常工作。

②建立关键预警系统。危机预防需要准确灵敏的预警系统。当企业进行危机管理时要做好信息核实工作，随时从多方收集信息，分析和处理数据后预测潜在的危机并在必要时发出危机警报。

③建立危机管理组织。企业危机管理这项工作需要全员参与。危机管理组织不仅是危机管理所需的主力军，也是日常危机管理的运营者。建立危机管理组织是危机管理工作的出发点。只有建立危机管理组织，才能更好地发挥危机管理作用。

④制定危机管理计划。企业危机管理组织成立后，有必要根据不同类型的危机制定完整的危机管理计划。

（2）危机确认对策

危机确认工作必须准确无误，这需要危机管理人员做好日常的信息收集和分类管理工作。危机管理人员要善于发现危机发生前的信息，在出现危机前兆时，迅速确定危机类型，并安排好后续的危机处理工作。

（3）危机处理对策

危机处理对策主要包括以下三个方面（图 3-2-8）。

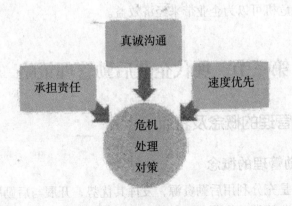

图 3-2-8 危机处理对策

①承担责任。在危机发生之后，企业应该主动承担责任。在危机发生之后，企业应该迅速对危机事件展开调查、处理，如果事件过于复杂，企业应首先承担相应责任，对受害者加以补偿，待事件原因查明之后，再将原因向公众公布，最后视情况采取相关措施。

②真诚沟通。在危机事件中，企业往往会处于舆论的漩涡之中。企业的一举一动都会成为公众和媒体关注的焦点。为此，在对外沟通时，企业应该主动与媒体或公众联系，态度越真诚，就越有利于清除负面影响。

③速度优先。企业在处理危机事件时，一定要迅速。好的消息传播速度可能不快，但坏的消息能够像病毒一样迅速传播。这种时候，企业能否在信息扩散开来之前，有效地解决危机事件，决定着危机管理的最终效果。

在面对危机事件时，企业应该当机立断，迅速行动。如果不能迅速控制事态发展，就会让危机影响范围扩大，甚至可能会失去对事件的掌控。在危机事件发生的第一时间能够控制住事态发展是处理危机事件的关键。

（4）危机善后对策

①危机评估和结论。发生重大危机事件后企业需要对关键事件管理任务进行全面评估，以识别问题。

②解决问题。大多数危机事件都与组织管理不善密切相关。识别问题后企业团队主要负责人要指导有关部门解决问题。

③寻找商机。一些危机为企业创造了新的机会。企业团队主要负责人要学会利用危机探索新的出路。

每个企业在发展过程中都面临着危机。企业的负责人不应将危机视为企业的单方面失败，在很多情况下，危机也创造了商机。企业危机管理是企业发展战略的重要组成部分，企业在发展创新时，应将危机管理与创新相结合。在很多情况下，优化危机可以为企业带来经济效益。

第三节　现代企业后勤管理策略

一、后勤管理的概念及特点

（一）后勤管理的概念

后勤管理就是充分利用后勤资源，发挥其优势，开展与后勤服务相关的工作活动。它是企业日常工作顺利运行的重要保障，也是企业顺利开展其他各项工作的前提。

后勤管理工作，可以促进企业各部门与外部单位的沟通交流，同时还能够保障企业内部工作人员正常的工作权益，是企业对企业内部工作人员权益的一种保障。

优化企业后勤管理关系到企业的生存和发展，是提高企业市场竞争力的重要手段。后勤管理涉及企业的物资、财务、生活、环境等各种内部事务。

当前，国内许多企业在后勤管理方面的投入并不多，对后勤管理工作的重视程度也有所不足。更有不少企业并没有建立起专门的后勤管理部门，大多数后勤管理工作都由其他部门来完成，这会让企业的后勤管理工作缺乏计划性、针对性和目的性。企业后勤管理职能的弱化也会影响到其他管理职能的发挥。

（二）后勤管理的特点

一般来说，后勤管理的特点主要包括以下五个方面内容（图 3-3-1）。

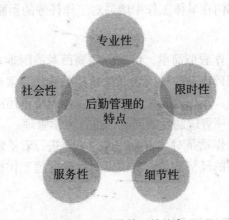

图 3-3-1　后勤管理的特点

1. 社会性

企业后勤管理工作的范围非常广泛，与社会有着密切的联系。企业后勤管理工作的开展会受到社会整体环境的影响。在当前市场经济环境中，企业想要做好后勤管理工作，就需要改变原有的封闭模式，让企业的后勤管理工作能够更好地与社会相融合。在充分利用社会优势资源的同时，整合企业后勤管理工作，更好地为企业服务。

2. 服务性

企业后勤管理工作需要落脚到服务上，虽然称为管理工作，其实更多还是服务的内容。企业后勤管理是服务中的管理，管理是手段和途径，服务是最终目的。因此，企业后勤管理工作应该将为企业、为领导、为企业内部工作人员服务作为根本出发点和落脚点。

3. 细节性

企业后勤管理工作需要连接企业内部各个部门和外部的多种单位，相关部门所承担的各种工作大多都比较琐碎复杂。无论是企业的人力资源、物资储备，还是企业内部工作人员的衣食住行，都能够体现出后勤服务的细节性。

后勤管理工作的琐碎导致了后勤管理的复杂性，后勤管理部门需要做好细节方面的工作，化繁为简，既与企业内部各部门有效沟通，同时也要协调好与外部企业之间的关系。后勤管理工作必须通过细节管理，应对琐碎的工作任务。

4. 限时性

随着市场竞争日趋激烈，企业各项资源的配置和管理工作也更加重要。在这种背景之下，企业后勤管理工作必须严格管控好时间。想要做好这一点，就需要企业后勤管理部门在具体工作中增强对工作任务的预测性和计划性。

5. 专业性

企业后勤管理工作看似简单，但实际需要面对的困难非常多。这不仅是因为其所处理的事务琐碎庞杂，还因为其所承担的责任异常重大。因此，企业在进行后勤管理工作时，不仅需要配备更多的专业人员，还需要综合运用各种现代化手段，在完善各项管理制度的同时，进行科学管理。

企业后勤管理工作就是对"企业"这台机器进行看护维修。想要保证企业高效运转，获得更多的经济效益，就需要对后勤管理工作投入更多关注，不断完善后勤管理制度。

二、后勤管理的作用

企业后勤管理的作用主要是由其基本职能所决定的，一般来说，主要表现为以下四个方面（图 3-2-2）。

后勤管理的作用
- 为企业各项工作活动的开展提供物质保障
- 提高企业运转效率和各项资源的利用率
- 保障企业员工各项权益的实现
- 维持企业正常工作秩序

图 3-3-2　后勤管理的作用

（一）为企业各项工作活动的开展提供物质保障

企业各项工作想要顺利开展，不仅需要后勤管理部门提前准备好各项必备条件，还要在工作活动开展过程中提供后勤服务。加强企业后勤管理，能够保障其他各项工作活动的开展。这也是企业后勤管理工作的一个基本作用。

（二）提高企业运转效率和对各项资源的利用率

除了为其他各项工作活动提供物质保障，企业后勤管理还承担着提高企业运转效率的责任。科学高效的后勤管理工作能够提高企业的运转效率。通过后勤管理，能够让企业的人、财、物得到更为高效的利用。

调动企业员工的工作积极性，提高企业资金的使用效率，充分发挥企业物资设备的潜力，这是企业后勤管理工作的又一种作用，同时也是提高企业运转效率的必要条件。任何管理工作的最终目的都是提高企业的效益。后勤管理也不例外，所以，这一方面的作用可以看作后勤管理工作的一个主要作用。

（三）保障企业员工的各项权益的实现

企业后勤管理工作与企业员工的生活密切相关，涉及员工的诸多利益。做好后勤管理工作，可以为员工提供舒适的工作环境，帮助员工有效地解决工作和生活中遇到的各种困难。这样就能让员工对工作、对企业产生更多的喜爱之情，进而主动发挥工作积极性，完成自己的本职工作，在获得更高个人收益的同时，提高企业的经济效益。

（四）维持企业正常工作秩序

做好后勤管理工作能够维持企业工作秩序的稳定，促进企业的安定团结。企业员工的衣、食、住、行、用等工作，都需要企业后勤管理部门来负责，做好了这些工作，员工就能安心高效地工作，减少矛盾的发生，在维持员工队伍稳定的情况下，维护企业的正常工作秩序。

企业主要管理人员在进行企业后勤管理工作时，要充分认识后勤管理的作用。这样才能正确对待企业后勤管理工作，重视后勤管理工作。除了企业主要管理人员，后勤管理部门员工也需要认识到后勤管理的作用，这样他们才能正确认识自己的工作，牢固树立服务思想，为企业其他部门和员工提供更优质的后勤服务。

三、后勤管理部门的工作职责

企业后勤管理工作主要由后勤管理部门负责，后勤管理部门是企业的后勤保障机构，一般来说，企业后勤管理部门的主要工作职责包括以下几点内容。

①制定后勤管理和服务方面的规章制度、标准及实施细则，并安排实施。

②负责企业员工食堂的管理，保障员工基本的用餐需求。

③负责企业员工宿舍的管理，满足不同员工的住宿需求。

④负责企业宿舍、食堂等固定财产的盘点，建立基本账目表单。

⑤负责企业房产、公用设施的管理和使用。

⑥负责企业内部工作人员活动中心的管理，包括开放和关闭，以及设施的维护工作。

⑦负责编制、上报后勤物资需求，对后勤物资进行采购。

⑧负责企业的防火、防盗等安保工作，定时或不定时巡逻，发现安全隐患及时处理汇报。

⑨负责企业各类灾害及其他突发事件的处理，包括应急疏散指南、灾害应对手册的编写。

⑩负责企业公务车及驾驶员管理，合理安排车辆使用，并做好记录。

⑪做好企业车辆的日常保养及年检等与车辆管理相关的工作。

⑫制定企业各区域、车间的卫生保洁安排，执行卫生责任人负责制。

⑬及时妥善处理后勤服务质量问题的投诉，提高后勤管理工作水平。

⑭安排和协调有关人员做好会议和活动的保障工作。

⑮做好本部门的月、季、年度工作计划和预算工作。

⑯加强部门团队建设和管理，负责部门内部员工技能、心态及意识方面的培训工作。

⑰主动协助、配合相关部门开展工作，及时完成上级部门交办的其他工作任务。

四、后勤管理的策略

想要让企业后勤管理工作发挥出真正的作用，就要建立企业后勤管理新模式（图3-3-3）。

企业后勤管理新模式

- 充分认识企业后勤管理工作的重要性
- 管理好企业后勤工作中的各种关系
- 促进后勤管理工作不断完善

图 6-2-3　企业后勤管理新模式

（一）充分认识企业后勤管理工作的重要性

从企业内部情况来看，企业后勤管理工作是企业管理工作中不可或缺的部分，直接关系到企业的正常发展和企业内部工作人员的切身利益。做好企业后勤管理工作，能够调动企业内部工作人员的工作积极性。

从企业外部形势来看，市场竞争越来越激烈，企业后勤管理工作需要承担的压力也越来越大。企业后勤管理工作开始向着社会化和专业化方向发展，在这个过程中，企业后勤管理工作将会出现各种各样的问题。想要减少各种问题的发生，就要探索出新的后勤管理工作模式，认识到企业后勤管理工作的重要意义。

（二）管理好企业后勤工作中的各种关系

1. 企业核心工作和企业后勤工作的关系

企业的后勤管理工作应该为核心工作服务，后勤管理部门进行好日常行政和后勤保障工作，对企业核心工作的开展具有重要推动作用。企业主要管理人员要正确处理好企业核心工作和后勤工作之间的关系，让后勤工作真正为核心工作提供动力，集中后勤力量有效地解决后勤问题，保障后勤工作高效执行。

2. 后勤管理中的大事和小事

企业后勤管理工作内容繁多，既有大事，也有小事。后勤管理部门要处理好大事和小事之间的关系。后勤管理工作中的大事一般指行政管理方面的工作，小事则是指后勤服务方面的工作。

在后勤管理工作中，企业主要管理人员应该正确把握好每项工作中的大事，妥善处理好每项工作中的小事。同时还需要抓好后勤管理工作的核心和主要矛

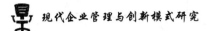

盾，厘清大事和小事之间的关系，只有这样，才能最终做好后勤管理工作。

3. 管理与服务的关系

后勤管理部门是企业内部的一个综合性部门，在企业中承担着一定的管理职能。这种管理职能与企业日常工作有着直接的关系，同时对企业的正常运作和决策传达具有重要的影响。

后勤管理部门除了承担企业管理职能外，还承担着企业服务的职能。这种服务主要体现在为企业员工的工作、生活提供基本保障上。服务职能是企业后勤管理工作的出发点和落脚点。正确认识后勤管理工作的管理和服务职能，是做好后勤管理工作的一个重要前提。

4. 保障与创收的关系

在进行后勤管理工作过程中，正确处理好企业创收和保障的关系是十分必要的。创收可以为后勤管理部门的管理工作提供保障，同时也能够提高后勤管理部门的服务效率。同时，想要完成创收的目标，首先需要做好后勤管理的工作。

（三）促进后勤管理工作不断完善

1. 促进后勤管理工作向着社会化方向发展

在优化企业后勤管理工作模式的过程中，要树立市场观念和效益观念，按照市场规律来进行后勤管理。在后勤管理工作中，要不断扩大后勤服务的范围和对象，提高服务质量和企业的工作效率，要将传统的封闭于企业内部的服务转变为面向整个社会的开放式服务。

2. 促进后勤管理工作向着专业化方向发展

企业后勤管理工作需要有专门的管理制度，只有这样，才能做好管理工作。在企业后勤管理和服务工作中，不仅要制定科学合理的管理制度，同时还要制定后勤管理工作的保障制度。

后勤管理制度要与企业的实际发展情况相一致，同时还要根据企业的发展不断更新完善。只有这样，企业后勤管理工作才能更加规范化、精细化、标准化。

企业后勤管理工作的专业化程度越高，企业的发展也就会越稳定、越有序。只有做好后勤管理工作，保证后勤管理工作始终围绕企业核心工作展开，才能确保企业的健康发展。

第四章 现代企业创新框架的建设

本章从两个方面介绍了现代企业创新框架的建设，分别是现代企业创新框架概述、现代企业创新框架建设步骤。其中在讲述现代企业创新框架建设步骤时，分别对沉浸、整合、扩张、适应四个步骤进行了介绍。

第一节 现代企业创新框架概述

一、现代企业创新框架的内容

（一）沉浸——调查信息

如今，机会越来越难找，消费者的期望越来越复杂，竞争对手的商业经验越来越丰富。因此，我们需要花更多的精力去理解问题，专注于创新。我们称第一种方法为"沉浸"，因为它要求我们除了进行传统的市场研究之外，还要沉浸在其他各种研究和信息中。传统的市场研究往往把客户当成数据，但如果我们真的能够沉浸在人们的生活中，就会发现很多未被满足的细微需求，从而激发创新。

沉浸方法涉及广泛的消费者研究，它可以让我们360度了解问题的环境。全面的了解可以帮助我们做出更有洞察力的决策和更有效的创新建议。除此之外，沉浸方法还涉及以下因素。

①竞争对手（直接和间接）。

②企业和产品可以帮助企业主要管理人员，而不是在企业主要管理人员的领域竞争。

③企业的业务、能力、品牌和价值。

④文化和经济趋势。

⑤企业内外的技术驱动因素。

上述每个因素都包含许多研究工具，其中一些是定性的，一些是定量的。这些工具的研究结果往往混合在一起，分析过程还贯穿每个因素（不仅仅是单个因素）。正是通过这种方式，我们才能发现新想法、发现增长机会并监控紧急威胁。

沉浸方法为以后应用其他方法提供了知识库，但并不意味着沉浸方法完成后就应该开始应用其他方法，也不意味着沉浸方法在早期完成后才开始创新和产品开发的研究阶段。事实上，在一些具体的难题或项目中，沉浸方法会被反复使用。因为难题不是静态的而是动态的，信息的收集和分析不能停止。

（二）整合——总结方案

客户需要的是针对疑难问题的综合解决方案，而不是单一的产品。整合是有效解决这些难题（服务）和消费者在使用产品过程中的感受接触点的关键，而这些是单一产品无法提供的特点、好处和经验。

有时整合是简单而直接的。举个例子，一家专注于硬件的企业为了满足更多的消费者而扩展到软件领域。有时整合会比较复杂。企业与消费者之间的一系列感受接触点需要紧密配合，才能在使用产品的过程中提供全面一致的消费者体验。这样的系统可以非常广泛，如果处理得当，将会非常有效。

越来越多的企业需要相互合作以提供集成系统的各个部分。在这样的合作过程中，人们往往把注意力集中在价值链（谁能赚钱，怎么赚钱）等宏观商业因素上，很少关注消费者使用产品的感受。在最终的集成解决方案中，消费者使用产品的体验是产品成功的最重要因素。任何有 PC（个人计算机）升级经验的人都知道，当新组件与旧组件不兼容时，他们是多么疯狂！发生这种情况时，制造商往往会互相指责。

有时，疑难问题并不像"组件不兼容"那么明显。几年前，有人研究过 MP3 播放器。当时，三星有一款与 Napster 软件捆绑在一起的播放器，用于管理 PC 上的音乐（类似于 iPod 和 itunes 的组合，但组合的两个部分由两家不同的企业提供）。三星的音乐播放器相对容易使用，而 Napster 软件则面向专业消费者。这两部分分开来看很好，但是在组成系统的时候矛盾很多，因为播放器和软件的功能和消费者在使用产品的过程中的体验很不相符。

这里所说的整合不仅描述了企业的财务和利润组合，还包括最终整合的系统如何影响消费者、是否好用、人们是否愿意使用。如果不考虑这些因素，集成系统就无法提供给消费者（满足他们的需求）和企业（利润）预期的价值。

（三）扩张——抓住机遇，扩张领域

如果说整合方法是将零件聚在一起，而扩张方法则相反。寻找新机会需要更广阔的视野。为了使企业成为一个不断扩展的系统并利用新兴的机会，企业必须继续扩张。

新产品开发的初期，大家都在捉摸顾客需要什么，产品应该包含哪些组件；当产品达到市场饱和并进入停滞阶段时，企业往往会开始寻找新的增长点；当产品计划被竞争对手打乱时，我们需要重新思考和计划产品。

我们可能需要注意，在搜索新产品类别时，它们都有一个共同点：它们迫使企业改变原有的技能、方法和商业生态系统，以及如何应对消费者需求。只有对企业分支机构的深入分析才能找到现有优势及新的增长和创新模式。

成功的扩张是确保创新满足企业的目标和机遇，同时通过创新突破企业的极限。客户的要求越来越高，虽然在新领域提供了开创性的产品，但仍要保证消费者在使用产品的过程中感受到高品质。这进一步提高了所有新兴市场的门槛。

（四）适应——灵活创新

适应方法对于确保创新与企业的目标和机遇相匹配至关重要。适应方法关注创新的灵活性。

例如，在过去的十到十五年里，许多企业的软硬件研发体系变得更加灵活。研发人员可以在早期就带着这个模糊的想法，在接下来的流程中做出改变。

当企业管理由完全不同的部分组成系统时，保持灵活性更困难，尤其是当这些组件由团体、部门甚至企业提供时。因此，在针对消费者需求和业务目标创建反馈渠道的同时，找到一种方法使所有复杂的系统变得敏捷和灵活是很有必要的。

简而言之，可以这样理解这四种方法。沉浸方法帮助企业主要管理人员了解世界是什么样子；整合方法和扩张方法帮助企业主要管理人员了解如何处理世界；适应方法让企业主要管理人员看到世界上正在发生什么（现状与对持续变化的期望之间的差距）。

二、创新框架的应用方法

（一）建立创新框架目的

创新框架旨在对现有的新产品研发流程进行补充，并为关键的产品研发工作提供帮助，所以它并不会覆盖新产品概念化、研发、发布的方方面面。创新方法也能应用在特定的创新和产品研发工作之外。

（二）寻找核心理念

使用创新框架会带来大量数据，并且企业主要管理人员可以用不同的方式组合这些数据，一些数据会在排列层面上改进产品，适合高层战略规划。

创新框架的目标之一是找到能够有效指出难题的解决方案并开辟新机遇，核心理念是一种实现和保持竞争优势的不同方法。

①核心理念的主要思想是从分散的数据中寻找消费者或业务发展点的声音。研究人员对各种证据发出嘘声并将许多问题联系起来，最终结果往往出乎意料。例如，丰田的消费者购买动机是独一无二的，这是有原因的。Instinct（紧凑型车）为混合动力汽车领域的企业带来了巨大的商机。如果当初丰田只专注于燃料动力汽车，那是不可能发现这个商机的。

②核心理念帮助企业主要管理人员了解面向未来的消费者的需求、行为和市场趋势，同时也为以后的问题提供指导，但这并不意味着有一个主要的想法可以有效地预测未来的时尚和趋势。

核心理念的真正价值在于对消费者行为、态度和文化的持续研究和发现，在意识到环保产品将成为身份象征后，丰田改变了旧的思考模式，选择了可能成为趋势的先锋思想。理念也更适合在宏观层面而不是产品功能的微观层面提供建议。

③核心理念是竞争对手难以预测或逆向工程难以模仿的重要秘密。核心竞争力的重点是"知道是什么"，在专注核心的同时，专注于企业能做的事情。理念是"有意识地"关注消费者的需求。它可以在没有详细信息的情况下为决策提供建议和指导。举个例子，丰田依靠非凡的工程技能，开发了普锐斯，这是丰田的传统优势。但在混合动力汽车方面，丰田真正超越其同样出色的竞争对手（本田）的是对消费者需求的感知。

成功之路充满未知，我们必须找到与当前形势和企业未来愿景相一致的关键想法，并以此指导产品开发。大多数企业都有一系列的核心理念，但如果主旨太长，则表明企业主要管理人员没有选择最重要和最有效的想法。如果企业主要管理人员过于依赖容易模仿的想法，将使企业看起来沉闷，更容易受到现有竞争对手和新市场竞争对手的影响。让我们来看看男士剃须刀产品的案例。

吉列（Gillette）发布了双刀片剃须刀 Trac2；舒适（Schick）紧跟其后发布了双刀片剃须刀 Tracer2。

吉列发布三刀片剃须刀 Mach3；舒适紧跟其后发布了三刀片剃须刀 Xtreme3。

舒适发布四刀片剃须刀 Quattro。

多年来，吉列一直是男士剃须刀的领先品牌，通过定期推出新一代产品来推动其业务发展。通过改进刀头安装方式、润滑条、增加刀片数量等方式创造新产品。舒适推出同类产品时，速度往往比吉列慢。但是，2004 年，舒适突然率先推出了四刀片剃须刀 Quattro。对于吉列来说，就像对方率先发射卫星一样令人震惊。它会觉得它的竞争对手怎么可能领先于自己，它是如何推出如此具有里程碑意义的产品的？

一年半后，吉列推出了五刀剃须刀，头部有两条润滑条。这一次，吉列 CEO 基尔茨这样评价这款新品："我们的产品与舒适产品（Quattro）无关。在我们看来，它就像法拉利和大众一样无法比较。"

本节中讨论的许多工具和框架旨在发现、理解和实施核心理念，以找到解决难题的方法。一条信息不能揭示难题和发现机会。为了找到创造新机会的核心理念，必须整合不同类型的信息（定量和定性消费者研究、竞争对手分析、文化趋势分析等）。最有效的核心理念来自系统的研究活动和分析过程，而这些研究活动和分析过程贯穿于沉浸、整合、扩张和适应四种方法之中。可能有人会认为，这就像一种协同作用，如果各方只发挥单独的作用，就失去了价值。价值来自它们的相互联系，组合在一起产生的"魔力"。

三、创新框架对企业的影响

（一）为沉浸做好组织层面的准备

企业主要管理人员永远不知道创新灵感会从哪里来，所以企业主要管理人员需要协调组织中的每个人来发现它。

1. 洞察问题是每一个人的责任

了解不断变化的商业环境、趋势和消费者需求非常重要，这不仅仅是小团队的责任，因为他们只能从狭隘的角度看待问题。

2. 雇佣信息收集者

来自消费者的信息输入对任何反馈闭环来说都是极其关键的一部分。但在很多企业内，消费者和研发团队之间的电子邮件、对话交流以及其他沟通渠道往往非常曲折，或处于中断状态。

（二）整合带来的组织影响

高度整合的生态系统和体验接触点会涉及组织内各个垂直的专业团队，如研发、市场、销售、财务、外包、战略合作伙伴等。要将这些相关方聚在一起并让他们聚焦于最有效的方面并不是一件简单的事情。但还是可以做一些能在流程上起到帮助作用的事情，例如选用正确的人、建立正确的激励机制和科学的思考模式，以及支持有效地解决问题所需的密集合作等。

1. 打通垂直专业团队

我们倾向于认为企业中这些垂直的专业团队限制了共同想法的激发，阻碍了创新发展。美国弗雷斯特研究公司（Forrester Research）的前副总裁布鲁斯·特姆金（Bruce Temkin）有不同的观点。他认为，这些垂直独立的专业团队本身并不是问题，真正阻碍创新的是这些团队内部的激励机制和基准。这些因素会使团队之间的壁垒更高更厚，强调单个团队内的兴趣和忠诚度。这些被囚禁的知识切断外部视野并阻碍合作专业的垂直团队是有效解决难题的敌人。我们必须制定适当的激励措施，以确保这些团队不会过于熟练和本地化，否则企业的业务愿景将非常狭窄。

2. 多学科背景的团队

我们需要组建一个多学科背景的团队，并在项目期间让他们工作在一起。这不仅可以提高多维研究的效率，还能提高复杂集成的效率。

摩擦通常被视为低效率和浪费资源的象征，但在处理具有高度不确定性的复杂且困难的问题时摩擦是不可避免的。

一个成功团队的标志是他们之间自由开放地交流。埃德·卡特穆尔（Ed Catmull）是皮克斯动画工作室的负责人，他为团队制定了两条规则：第一，团队内外不要担心沟通是否停留在同一个频道上。第二，每个人都应该有信心大胆地思考。

作为企业主要管理人员必须以可靠的方式将重要项目交付给初级企业内部工作人员。如果项目负责人合适并且企业有安全措施，调试这个项目的风险就非常低。还可以为浅薄的年轻企业内部工作人员提供学习的机会。因为年轻的企业内部工作人员经验较少，如果他们敢于尝试或挑战困难的任务，他们就会获得创新的想法。

（三）扩张带来的组织影响

有效解决疑难问题的一般方法是利用各种技术和工具促进对疑难问题达成共识。这种方法特别适用于有效解决社会规划和政策制定中的疑难问题。在处理棘手问题时，我们的目标是击败我们的竞争对手。

为了在核心业务的扩张和进入新领域之间找到平衡，企业内部的压力是必要的。如果不进行管控，疑难问题的模糊性和复杂性会导致企业内部意见不一致，使工作变得混乱、迷失方向。根据不同的群体和学科，如果越多的人参与到疑难问题的解决中，整个团队会根据对疑难问题的认识和理解，变得分散或分裂成不同的派系。

为了改变团队的这种分裂状态，杰夫·康克林（Jeff Conklin）提出了"一致性"一词。一个一致的团队可以就不同的看法、信念、信息和方法达成共识。这并不意味着所有成员都必须同意，而是每个人都可以从不同的角度了解其他人如何看待并有效解决难题。康克林强调需要使用有意识和结构化的方法来梳理不同的观点，并找到目标和挑战的精确定义。有了这样的基础，团队就可以控制住摩擦，而不是让它变成令人沮丧的恶性循环。

一些重要的知识需要在企业内广泛普及，为有效解决疑难问题提供坚实的基础。

1. 领域范围

各级企业内部工作人员是否真正了解企业的业务领域？如果他们不确定，创新就是"偏离目标的箭头"。核心竞争力和核心理念是什么？合作伙伴是谁？生态系统的哪个部分要进入企业？企业有效解决了消费者的哪些需求？谁是消费者？企业管理人员可能认为每个人都非常了解。然而事实上，在很多情况下并非如此。企业内部工作人员可能对此只有模糊的理解。

2. 组织优势

组织优势与战略和目标市场无关，但可以为企业提供理想的决策框架。然而实际上，大多数企业似乎都没有明显的组织优势。在这种情况下，必须重新发现和激活企业的组织优势。

（1）建立恐慌临界点

处理疑难问题时，把恐慌阈值设置得足够高是很重要的，这样可以避免过早终止解决问题和错误地认为有效地解决了困难问题。除了处理疑难问题的独立团队，还需要调整团队成员个人的恐慌临界点，组织还需要知道他们愿意花费多少时间和资源来探索有趣、激进和颠覆性的想法。

处于产业发展曲线顶端的企业（即已通过中期成熟阶段的企业并随着产品的衰落开始进入动荡状态）往往想法的范畴只是熟悉基础上进一步调整，产品经过创新后，它将销售给熟悉的消费者群体并与已知的竞争对手竞争。随着企业从曲线的顶部滑落，这些可靠的因素和界限消失了。面对不断变化的新环境，企业将发现自己无法适应激进的创新。

此时，企业主要管理人员必须对恐慌的临界点设定新的预期，并采取果断行动。如果企业主要管理人员能从中吸取教训，是值得鼓励的。（只要吸取的教训可以用于下一轮的尝试）

但是，如果企业主要管理人员说一套做一套，而没有相应地重组自己的组织。那么，之前的表达只是一句空话。

（2）避免创新文化的分裂

如果想培养激进式创新、试水新的业务领域以及超越传统指标，通常的做法是成立一个特别的创新工作室或类似臭鼬工厂那样的团队，这个工作室或团队的目的就是跳出束缚和框架去思考，将营业收入指标抛到脑后。

集中化的独立创新团队有其存在的必要性，但随着近年来开放性创新趋势的出现，也应该考虑一些其他的方式。

（3）扩张是每个人的职责

企业已经预留了明确的预算来支持周五的规则（即企业内部工作人员应该将20%的时间花在创新上，但实际上创新任务不一定要在周五完成）他们所做的创新工作被称为"20%项目"。企业主要管理人员也需要将部分时间花在创新上。

通过"20%项目"，谷歌有效地解决了阻碍其业务外围扩张和创新的两个难以解决的复杂问题。

（四）适应带来的组织影响

一个组织很难做好适应，因为它涉及长期的不确定性。您如何确定自己正走在成功的道路上？企业主要管理人员最终的成功是什么？对于这些问题，没有明确的答案。这也解释了为什么有些企业不愿意坚持其愿景并根据反馈经常对其进行调整。我们很难预测一个新想法是否会成功，但如果这个想法真的实施了，竞争对手会争先恐后地推出类似的方案。

例如，影视行业都在不断寻找新的创意（只要能保证商业上的成功）。

让我们来回答这个问题：以下哪个电视节目在走红之前被传统影视频道拒之门外？

《绝望的主妇》（美国电视剧：*Desperate Housewives*）

《幸存者》（真人秀节目：*Survivor*）

《美国偶像》（选秀节目：*American Idol*）

《犯罪现场调查》（美国电视剧：*CSI*）

正确答案是以上都有。起初，没有人想到这四个电视节目会如此火爆（除了节目的制片人）。哥伦比亚电视台（CBS）总裁莱斯利·穆恩维斯（Leslie Moonves）曾经认为《幸存者》非常愚蠢，从未听说过。经过几位企业主要管理人员的劝说，他才慢慢接受。鲁伯特·默多克（Rupert Murdoch）在女儿的要求下，终于让福克斯电视台（Fox）开播了《美国偶像》，虽然类似的节目当时在英国取得了巨大成功。美国广播公司（ABC）制作了《犯罪现场调查》但没有在自己的电视台播出，这对ABC来说是一个巨大的损失。《绝望的主妇》剧组也无数次试图停止项目。在最终找到一个愿意接受他们角色的工作室之前，必须有一定程度的影响力才能实现这些计划的潜力，很好地促进这些计划的推出才能最终取得成功。

一旦某个节目走红热播，就会出现大量的效仿节目。竞争者能够参考已获成功的实际案例，然而，最早制作这四个节目的创新者只能依靠自己的直觉。

我们使用"直觉"这个词语时往往会带着轻蔑的态度，认为它和瞎猜没多大区别。直觉发挥作用的方式非常神秘，我们只知道有些人的确能把过往的经验联系起来，并从中获得关于新情境的见解。企业愿意花重金聘请能够用本能、直觉来把握大众文化和细分消费者的人。杰弗里·弗罗斯特就凭借自己的直觉，先于其他行业改变了人们对手机的认知。

1. 模式经验

一开始，人们能够对疑难问题产生模糊的理解。所以如果企业主要管理人员现在能找到一个模式就会找到精确定义疑难问题的捷径。卡尔·维克（Karl E. Weick）认为这是在追溯过程中做出的"有意识的决定"。"有意识的决定"意味着从事件中获取知识，更好地指导未来事件的方向。如果组织想要提高响应范围重要的是要反思过去的成功、失败和努力，并做出有意识的决定。

国际象棋大师是在各种方面积累了大量经验的人，他们可以识别棋盘上的哪些棋子可以引导游戏趋势。这就是为什么国际象棋大师可以同时与数十名低级棋手下棋的原因。因为他不需要记住每一盘棋，只需要记得整个比赛和每场比赛的风格。在不断变化的国际象棋中不能拘泥于一兵一卒的增减，控制布局策略可以减少复杂疑难问题的数量并快速简化。

职业棋手倾向于思考每一步不到一分钟，剩下的时间花在思考游戏是否足够稳定。诊断疑难问题时也是如此：您希望处理疑难问题的人对疑难问题有一种直觉，并且知道这种直觉将带领团队走向何方，虽然他们此时无法澄清一个新问题。他们花了大量时间分析已建立的假设的细节，这是一种独特的能力，可以根据一半的直觉和一半的经验，尽快发现模式并了解其影响。企业主要管理人员应该分散那些在组织中具有模式经验的人，让他们与经验不足的人密切合作。

传授模式经验的一种常见做法就是讲故事：经历过成功或失败的人物、一些幽默的事件，或是尝到的痛苦教训。

希思兄弟在他们的《坚持下去》一书中说，故事是我们从头脑中创造角色的方式。他们在书中提到消防员互相交流的故事，故事明亮而生动，每个故事都加深了读者的感受。这是一个不包含事实、统计数据或枯燥的研究报告的书。我们可以认为自己是一个讲故事的人，通过一遍又一遍地讲述来扩展我们的知识面。"研究表明，在现实生活中面对相同的情况时，在大脑中练习可以帮助我们表现得更好。"希思兄弟说。以同样的方式听故事就像模拟我们大脑中的冲突，从而让我们互动更快更高效。

但有时，故事只是将案例与手头的业务联系起来。克里夫（Clif）的埃里克森（Eriksson）擅长用故事来传达企业价值观并将其变为现实。他讲述了有一次他在优胜美地国家公园攀爬冰岩的故事。他用了2把冰斧（上下山必不可少的工具）爬山，靴子上的金属钩都不见了，但在这样的情况下他仍然冒着掉到岩石上的风险继续攀岩。他借此阐明了他当时必须具备的三个品质：仔细观察周围环境的能力、随时适应突发事件的能力以及及时处理不确定因素的能力。他说："对我来说，故事很有帮助，原因有二。首先，我不是一个非常精通业务的人。虽然我能讨论一小部分技术术语和理论，但我觉得很无聊。其次，人们更容易记住故事或将故事与现实联系起来。当企业主要管理人员开始谈论技术理论时人们往往会失去兴趣。人们总是对故事和隐喻感兴趣，并受到启发。"

2. 用试验来降低风险

组织或企业要解决的问题不是规避风险——无论企业主要管理人员怎么做，风险总能自己找上门。关键在于要能让企业内部工作人员安全地处理风险。组织需要具备一定弹性，让自己可以从失败中恢复，还要具备将失败转化成新动力的能力，这样组织才能随着问题中暗物质的逐渐清晰而改善和前进。

第二节　现代企业创新框架建设步骤

一、沉浸

（一）数据分析

许多企业通过推理和自上而下的方法收集消费者和竞争对手的信息，缺乏概览和自下而上的评估。"以消费者为中心""站在消费者的角度思考"……这些口号是无止境的。但很少有企业对购买、使用、喜欢或讨厌他们产品的消费者有深入的了解，包括日常生活、行为、态度、感觉和未得到满足的需求。同样的，他们对竞争对手的分析仅限于功能分析。

贸易企业似乎更喜欢从调查和分析报告中获得的数据。正如亨利·明茨伯格（Henry Mintzberg）总结的那样："这个混乱的世界充满了噪音、八卦、推论、印象和事实。我们必须以易于理解的方式将其简化为有形的常规信息。这样的信息……真正的战略家不是一个脱离日常生活细节的人，而是一个痴迷于它并提取战略信息的人。"

亨利·明茨伯格讨论了硬数据在帮助理解复杂战略情况方面的局限性。

①在缺乏对决策很重要的定性因素的情况下，硬数据的使用范围往往是有限的（如缺乏信息）。例如，消费者在现场时的心情和面部表情。亨利·明茨伯格说："来自不满意消费者的故事可能比信息更有价值。"

②硬数据往往被过度处理和组合以指导有效的决策。特别是在大企业中，数据集成过程中硬数据与其他数据和模型高度集成，一些可以揭示潜在机遇或挑战的数据点经常丢失。

③数据从定性数据转化为定量数据或对其进行分析和整合需要大量时间，因此用硬数据来指导有效决策往往为时已晚。这是在这个瞬息万变的环境中硬数据的最大弱点。硬数据的重要意义不言而喻。举个例子，欧特克公司（Autodesk）就有一个可以跟踪消费者键盘和鼠标行为的系统。当然，所有参与的消费者都是自愿的（所有数据都是匿名存储的）。该系统提供了丰富的信息和对消费者流程的洞察，时任首席执行官卡罗尔·巴茨（Carl Bass）说："我可以立即告诉您，有多少日本消费者使用我们的产品。"

（二）关注外围视区

除了偏爱硬数据，业务分析的另一个缺点是它只关注企业当前的业务。传统的商业研究工具与验光师使用的视力测试表非常相似。顶部有一个类似于字母"E"，越往下越小。使用视力测试图的目的是通过让企业主要管理人员判断越来越小的符号（中心视区的角度一般只有 7°）来检查企业主要管理人员的中心视区能处理多少小细节。但对于中央视区外的 173°周边视区，几乎没有类似的测试。周边视区分辨细节的能力较弱，但对运动的观察非常敏感；中央视区正好相反，它可以很好地处理细节，但对运动的观察非常不敏感。

外围视区的这种特征是人类生存和进化的结果，早期人类夜间在树林中行走时，希望通过旁边的草地来检测动物是否接近他们，但他们不需要知道它是什么动物。

我们的视力测试忽略了外围视区，只关注中央视区可以处理的小细节。以同样的方式，业务分析通常会忽略利润率的变化。事实上，只有模糊边缘的动态才能揭示新的机遇或威胁。边缘是颠覆性创新增长的基础，如果等到清楚地意识到它的存在并进行彻底的研究就太晚了。

（三）信息的多维度研究

作为一家企业，该如何改善自己的外围视区并更好地理解疑难问题呢？答案是让自己沉浸在尽可能宽广的信息中，去寻找那些能指向疑难问题、新机遇和威胁的线索和模式。

1. 用一支多维度团队来进行研究

组建具有不同技术背景的团队，在工程、营销、设计和业务方面进行多维度的研究和后续分析。这意味着从所有角度组合数据，并保持可操作性和数据一致性。所有团队成员都应尽可能熟悉研究的每个维度，并参与其专业领域之外的维度分析以提供新的视角（举个例子，从工程师的角度查看市场数据），不要让任何人研究他们擅长的领域。企业主要管理人员也可以尝试匹配来自不同专业背景的人。

2. 同时对所有维度进行研究

同时对所有维度进行研究能在很大程度上加速我们对疑难问题中错综复杂的因素的理解。核心理念来自将不同维度中的点相连，而非对单个维度的深入分析。同时纵观所有维度，有更多发现意料外关联的机会。

（四）沉浸的方法

针对每一个维度，有很多可用的方法。对不同方法的选择取决于企业主要管理人员需要了解什么、已有哪些信息，以及企业主要管理人员拥有的时间和预算。

沉浸的方法太多，本节无法一一详述。根据企业主要管理人员的背景和组织环境，有些方法看起来很传统，而有些方法则有点陌生。即使企业主要管理人员已经熟悉某些方法，知道如何组合使用这些方法也是非常有益的。

1. 关于消费者的沉浸方法

在过去十年中，用于了解消费者的方法数量急剧增加。品牌战略企业Buyology（尼日利亚电商）的联合创始人兼高级顾问朱莉·安尼克斯特（Julie Anixter）表示："传统的消费者研究方法已经不够了。人们意识到决策过程是由情绪和潜意识驱动的。除了核心小组之外，企业还在寻找其他新方法来了解情感领域。例如，通过神经学研究人们如何对某些刺激做出真实的情感反应。即使新方法不断涌现，但仍然有很多企业从未使用新方法与客户沟通，了解客户真正关心的是什么。这让我很惊讶。"

每种方法在理解和发现问题方面都有其局限性。将这些方法结合起来，可以保证信息更加全面，相互刺激的机会也更多。

2. 关于竞争者的沉浸方法

下面以丰田汽车为例对关于竞争者的沉浸方法进行论述。

当福特在 20 世纪 80 年代开发第二代金牛座（Taurus）时，企业内部高级管理人员轮流驾驶和体验丰田凯美瑞。这让他们对凯美瑞的传动系统和精致的内饰格外关注。玛丽·瓦隆（Mary Walon）完整地记录了汽车界第二代金牛座的发展历程。她写道："凯美瑞的工程师在设计每个部件时都经历了意想不到的痛苦。有些零件甚至与丰田高端品牌雷克萨斯的零件相同。这样的零件成本肯定不低。据估计，每辆丰田凯美瑞的成本比每辆金牛座的预算高出 1000 多美元。所以金牛座团队的目标很复杂，他们把难懂的企业口号改成了极其精简的'打败凯美瑞'。"

许多汽车制造商会定期为企业主要管理人员提供汽车，以确保这些人总是有新车可供驾驶。这些企业主要管理人员将永远不必处理旧车中经常出现的更换燃料模型、报废电池和其他情况，因此他们对自己的产品有一个片面的看法。

企业主要管理人员应该像评估竞争对手的产品一样评估自己的产品，并确保相同的使用时间。在软件开发领域，有一句形象生动的词来形容"自产自用"的行为：吃自己的狗粮（Eating your own dog food）。这个看似简单的步骤可以给企业主要管理人员带来很多好处。如果企业主要管理人员忽视它，企业主要管理人员可能会错过有效解决难题的机会。

3. 关于品牌的沉浸方法

如果组织的沉浸感侧重于企业内部，那么品牌的沉浸感则侧重于企业外部：您想向消费者传达什么样的形象？他们在现实中如何理解和看待品牌？

品牌是否有明确的定义，是否可以在企业内部被广泛理解？很多企业并没有这样做，或者虽然有明确的定义，但只有高级管理人员和营销部门的人对此有准确的认识。布鲁斯·特姆金认为："企业都在用品牌来指导设计和研发。大多数做得不好。没有强大的品牌意识，企业主要管理人员就无法做出一致的决定来满足消费者。"

在处理疑难问题时，让整个团队齐心协力，保持每个人对品牌理解的一致性，可以很好地帮助选择最合适的创新方向。

理想情况下，企业主要管理人员需要跟踪自己的品牌，以了解消费者如何看待自己的品牌。这可以通过问卷调查、组建核心小组、与销售人员交谈以及浏览在线论坛和博客来实现。

4.关于销售的沉浸方法

了解购买过程往往是解开谜团的关键，尤其是当人们希望通过颠覆性的产品来改变消费者对熟悉的成熟产品的看法时。人们将如何选择和评价产品？店员和零售店的陈列会对购买过程产生什么影响？

花一些时间在零售店观察顾客的行为，尽可能多地问他们一些棘手的问题。在操作过程中可以使用一些技术。例如，假扮普通顾客，以真实顾客的身份询问他们的购物决策过程，观察并记录顾客在货架前挑选商品的情况；采访销售人员；参与销售等。即使您通过直销或零售以外的方式销售产品，亲自采访和观察购买者的购买过程也是一样非常重要。

二、整合

（一）定义

近些年来，"整合"一词常以各种方式被提及，比如整合媒体，即对内容重新调整以适用于电视、网络和手机；整合广告，即在传统的单向信息推送之外，用双向对话的方式与用户建立联系（比如用户通过上传自制视频的方式参与到整个大型广告的制作中）。

正如亚马逊 Kindle 和电信行业的例子，整合能将不同企业的产品进行组合，并蔓延和影响到那些曾经相互独立的行业。有些整合元素是可见的，用户能直接接触到；而有些则是不可见的，但扮演着关键的支撑角色。

（二）整合与可持续发展

创造有助于环境可持续发展的产品逐渐成为整合的重点和难点，这种趋势在接下来的几年中会表现得更为明显。可持续发展逐渐成为企业的竞争力，同时也成为一项企业必须遵守的规则。

相比一次性产品，目前的可持续发展产品的成本往往更高，性能也不够好。用户或许还需要采用特殊方式才能使用它们，即使是最好的可持续发展产品也没能做到对环境完全无害。和产品的其他性能一样，可持续发展也是创新的重要方向。为了实现可持续发展所需的系统性解决方案，需要将企业的能力与资源和企业的各个部门（以及外部合作方）进行整合。

举个例子，惠普每个月都会用航运的方式将打印机从组装厂运输到分销中心。如今它大幅度减少了运输时的包装数量，同时，还降低了运输成本并减少了运输过程对产品的损坏。设计这套新型运输方案的惠普工程师凯文·霍华德（Kevin Howard）说："我们发现，如果把物品装在箱子内，人们会更趋向于在搬运过程中将其乱扔，或者用叉车冲向箱子直接铲起。因此，包装箱反而更容易导致物品的损坏。于是我们决定在运输过程中不使用包装箱。"在运输方案设计的早期阶段，凯文的同事发现，只要在打印机的外壳内增加少量加强筋便可提升其强度，这样就无须使用纸板箱来包装了。之前装在纸板箱里的一台打印机能有一台冰箱那么大，而可以抓握的地方只有夹放在各层之间的托盘，因此在没人帮忙的情况下根本无法对其进行搬运。

包装上的创新除了能减少资源消耗以外，还带来了额外的惊喜。产品损坏率下降了，装载能力提升了 2.5 倍，因此运输环节的开支显著降低了。可持续发展的思维方式能扩展我们对产品生命周期的理解。现在，企业需要负责产品的召回、再利用、翻新、回收或报废处理，或者通过维修和升级的方式延长产品寿命。对产品进行系统性的整合处理，能降低成本并提升用户的满意度。比如戴尔和惠普，在这方面都采取了重要的措施，通过一个易用的闭环系统来帮助用户回收笔记本电脑和打印机墨盒。

从产品本身来说，随着那些能减少环境污染的新技术的出现，制造生态系统的复杂程度也在提高。企业主要管理人员需要在能源和材料的使用率，以及减少有毒物含量等方面做更多的努力。可以思考哪些部分可以外包，哪些部分必须自己研发以保持竞争优势。

最后，可持续发展的思维还能帮企业找到新的商业模式，比如将产品转化成服务，或者从出售产品转化为出租产品。Zipcar（美国一家分时租赁互联网汽车共享平台）所做的，就和传统的"每人必须拥有一件商品"的模式完全不同，它的成功在于它为整个用户体验和后端系统采用了一套整合的解决方案。

整合方法具有以下几个影响：提供整合的系统而非单一的产品；满足了想要更高品质和体验的挑剔用户的需求；通过定义创新区域和设定边界让创新变得更有效率。

三、扩张

（一）基于组织技能的扩张

在线零售鞋店 Zappos 以其出色的客户服务、高效的订单管理和有趣的内部工作文化著称。Zappos 正尝试将其组织技能扩展到一些意想不到的领域。它把包括产品浏览、购买和售后支持的端对端体验系统卖给其他在线零售商使用，注明"由 Zappos 提供技术支持"。它还通过"Zappos 理念"，为其他零售店提供建议，帮其打造服务型企业，这种方式对那些费用高昂的管理咨询企业造成了冲击。只需少许费用，小型企业主就能打造出融入了 Zappos 理念的网站，并可以直接将问题反馈给 Zappos 企业内部工作人员，还能阅读关于 Zappos 如何处理业务等各类文章。

Zappos 以公认的非常规和激进的方式利用着自己的技能。企业主要管理人员也应该持续思考如何将知识产权、品牌、理念和能力扩展到新的方向。或许企业主要管理人员现在尚无须做出改变，但不断地思考和练习能让组织在需要应对变化时保持敏锐。

（二）基于补充产品的扩张

以更广阔的视角来看待用户如何使用企业的产品，看看他们同时还在使用哪些其他产品（包括硬件、软件或服务）。企业主要管理人员从中或许能发现一些产品机遇，从而更好地处理那些当前尚未被很好满足的需求。此外，补充产品能提供新的方式去吸引那些以前无法触及的用户。关注补充产品能让企业主要管理人员时刻保持警惕，了解有些企业或许值得并购，有些企业则或许有潜力扩张至本企业的领域而变成直接竞争对手。

四、适应

（一）适应突现的变化

企业主要管理人员试图解决的问题从一开始就没有被完整地甚至部分地定义清楚，而且解决的过程中还会揭示出一些先前并不了解的维度。在某些情况下，问题本身甚至会因为企业主要管理人员所采用的解决方案而发生改变。

适应就是一个在持续变化的环境中不断进化，并茁壮成长的过程。

（二）保持灵活性

当面对快速且持续的变化，以及高度的不确定性和风险时，灵活性将是一项极具价值的特质。灵活性能让企业主要管理人员保持开放的心态，直到收集到尽可能多的信息后才做出决策。这和拖延、犹豫并不是一回事，拖延、犹豫是指即使手头有了足够的信息依旧举棋不定。早期，在探究问题时，对问题的理解、机会的认知、执行方案的假设等都会快速地变化，企业主要管理人员需要保持灵活性来应对这一切。随着时间的推移，当问题能更好地理解并变得更可控时，企业主要管理人员可以适当降低灵活性。到了某些时刻，企业主要管理人员可能需要杜绝灵活性以保证产品的交付。但这并不意味着此时灵活性不能存在，而是它被转移至下一阶段或者其他相关的环节中。

第五章　现代企业创新的风险

本章对现代企业创新的风险进行了研究，分别从现代企业创新风险概述、现代企业合作创新风险案例分析、现代企业采用链风险案例分析三个方面进行了论述。

第一节　现代企业创新风险概述

越来越多的商业领袖和企业主要管理人员被推入一个更大的协作世界。这样做的好处是，通过与组织外的部门合作，企业主要管理人员可以更有效地完成更大的任务。但是，这里的局限是，企业主要管理人员的成功不仅取决于他们自己的努力，还取决于他们的合作伙伴。企业主要管理人员自己优秀还远远不够，他们不再是独立的创新者。现在，企业主要管理人员正在更广泛的创新生态系统中发挥作用。在这个相互依存的世界里，如果企业主要管理人员想成功，就必须学会管理企业的风险项。但是在管理风险项之前，企业主要管理人员必须看到并理解它。

下面以米其林企业"防爆轮胎"事件为例，总结企业创新的风险。

20世纪90年代初，米其林的地位令人羡慕。它在各个方面都拥有最好的产品线，并拥有行业领先的品牌。谁能忘记"米其林人"的标志？米其林不仅是世界上最大的轮胎制造商也是最具创新性的轮胎制造商。

米其林在19世纪末开始其创新活动并寻找新的机会。为了创造价值并保持增长，1992年米其林企业主要管理人员举行会议。会议的目的是什么？下一个伟大的创新是很好地促进销售、增加利润并塑造消费者对新轮胎的看法。会议的最终结果是发明一个安全的系统。这个想法是伟大的。这让米其林走上了一条改变整个轮胎行业的雄心勃勃的道路。"PAX系统（胎唇垂直锚泊系统）是我们自1946年获得子午线轮胎专利以来最大的技术进步"，该企业自豪地宣称，"简而言之，我们发明了一种新的轮胎"。即使轮胎漏气，也是一种"泄气保用轮胎"，汽车可以继续安全行驶，而不会影响整车的性能。就算轮胎漏气，也可以继续开车，就好像什么都没发生一样，无须在紧急情况下停车，无须从汽车后部卸下备用轮胎和千斤顶，无须叫拖车后，在路上急切地等待……

有了PAX系统，驾驶者的仪表盘不再因轮胎漏气而报警——驾驶者的车可以继续行驶125英里（1英里≈1.61千米），最高时速仍然可以达到惊人的55英里，这足以让驾驶者找到维修店，便宜又有效地修理轮胎。这无疑是一项伟大的创新，将使客户的生活更加方便和安全，并为企业带来新的利润增长。

米其林将"PAX系统"视为革命性的增长引擎，不仅对米其林如此，对整个轮胎行业也是如此。虽然轮胎在汽车中的地位无疑被《汽车趋势》杂志称为"汽车中最重要的部分"，但轮胎行业的竞争异常残酷，整个行业都以产能过剩、利润率低为特征。更糟糕的是，大多数司机并没有区分汽车轮胎，并认为品牌之间没有太大区别。因此，在选择轮胎时，主要考虑的是价格。

半个多世纪前米其林提供完整的子午线轮胎系列，这项突破性的创新极大地提高了胎面寿命、安全性和燃油效率。这直接让米其林成为世界领先者，并在很长一段时间内改变了轮胎和汽车行业。PAX系统是米其林再创辉煌的绝佳机会。市场研究表明，PAX系统的价值得到了广泛客户的支持。

米其林拥有所有成功因素。它汇集了最好的研究人员、设计师和工程师团队，并提供大量资源和优先支持。这是市场上的竞争对手无法比拟的。不管可靠性功能的竞争对手的"泄气保用轮胎"无法与米其林的PAX系统竞争，但米其林为这款产品设置了高水平的专利壁垒，没有任何竞争对手可以通过抄袭这个产品进入这个市场。事实上，米其林的产品非常抢眼，并且可以邀请其他竞争对手加入以支持PAX系统成为行业的标准。

但是，尽管企业自身执行得非常完美，PAX系统最终却成了一个失败的案例。因为当企业主要管理人员的成功取决于他人时（对于米其林来说是这样的），仅仅依靠执行是远远不够的。

过去，每一个轮胎创新都是"死"的，是否"活"取决于最终消费者的反应。但对于PAX系统，消费者认可只是成功的先决条件之一。PAX系统之所以失败，正是因为它不是自主创新。其他成员，如米其林创新生态系统汽车制造商和更重要的服务站确实需要集成到这个系统中。实际上只有当生态系统的其他部分识别新轮胎时，最终消费者才能够意识到PAX系统全部价值主张的魅力。

轮胎主要销往两大市场，一个是占行业总销量四分之三的替代市场；另一个是占剩余四分之一的原始设备制造商（OEM）市场。米其林倾向于赢得原始设备制造商的合同，因为原始设备制造商是替代市场的强大预测工具。大多数消费者只会用相同型号的新轮胎更换旧轮胎。

尽管汽车制造商的支持可以很好地帮助增加轮胎制造商的新轮胎销量。但轮胎制造商也可以通过更换市场直接瞄准消费者。大多数轮胎创新活动，例如，子午线轮胎，首先在替代市场取得成功，然后在原始设备制造商市场取得成功；固特异于 1992 年为潮湿路面设计的第一款排水轮胎，最初在替代市场上取得了巨大成功，并随后在所有市场中保持这一优势。

然而实际上，PAX 系统的性质决定了它需要不同的市场轨迹，这将在系统中增加新的参与者和新的交互行为（图 5-1-1）。

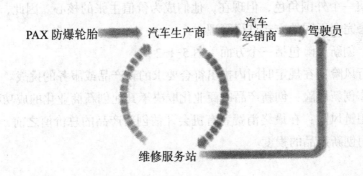

图 5-1-1 PAX 防爆轮胎创新产品的市场轨迹

首先，与传统轮胎相比它需要来自汽车生产商完全不同级别的支持。这是因为 PAX 系统具有不对称的轮毂和胎压监测系统。由于这是车辆的新特性，它必须从原始设备制造商市场开始，因此不可能在替代市场建立初步支持。对于一辆车来说，从设计到量产的周期可能超过 36 个月，这意味着消费者在短期内还没有机会判断 PAX 系统的好坏。汽车生产商需要很多年才能决定采用创新的米其林产品。

其次，它需要新的汽车经销商进入这个谜团。汽车生产商在为新车推出新的车载系统（如空调、防抱死制动系统、电动车窗和方向盘、音响系统、全球定位系统等）时，往往将其作为可选功能，让客户多付钱买。只有在后期的销售中，他们才能将其纳入汽车的标准配置中。如果某个功能是标准配置的一部分，则很容易将其出售给最终客户，因为企业所需要的只是汽车生产商的支持。

但是，如果它成为需要额外付费的可选功能，新的参与者、来自汽车经销商的销售人员将出现在场景中。虽然米其林在与汽车生产商和轮胎经销商打交道方面有着丰富的经验，但它与汽车经销商的关系却较为陌生。

最后，也是最重要的，PAX系统需要大量的维修服务站才能解开整个谜团。对于这些维修服务站，修理新轮胎不需要对其性能、设备或功能进行任何重大改变。因此，它们从来都不是引进新轮胎的重要因素。然而实际上，PAX系统的轮胎维修是一个完全不同的场景。维修服务站需要新的设备来夹紧和松开轮胎和车轮；需要新的工具来校准轮胎压力监测系统。更重要的是，为了保证维修的准确性，米其林要求技术人员经过严格的认证程序才能获得轮胎维修资质。

尽管汽车生产商、汽车经销商和维修服务站一直对轮胎的成败起着举足轻重的作用，但PAX系统价值主张的本质已经改变了整个生态。过去，这些参与者只扮演一个外围角色，但现在，他们成为价值主张的核心。因此，他们必须以与过去完全不同的方式进行管理。

因此，创新风险包括三个方面（图5-1-2）。

①执行风险：在规定时间内推出符合要求的新产品或服务的挑战。

②合作创新风险：创新产品的商业化取决于其他创新商业化的成功程度。

③采用链风险：在最终消费者有机会评估创新产品的总价值之前，合作伙伴需要采用创新产品的程度。

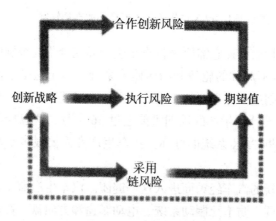

图 5-1-2　创新的三种风险

这些风险由不同的逻辑控制。正如我们在米其林的故事中看到的那样，成功需要有效地解决所有风险。米其林很好地管理了自身的执行风险，在控制合作伙伴相关的合作创新风险方面也非常成功。（轮胎制造商负责开发新的夹紧结构；零部件供应商负责开发轮胎压力监测系统解决问题的方案。）失败的原因在于采用链风险管理。维修服务站需要 PAX 系统的维修设备，并且需要在 PAX 系统广泛提供给公众之前进行前期投资。

提升客户洞察力、打造自身核心竞争力、击败竞争对手的所谓"关键执行点"已成为企业战略的试金石。在层出不穷的书籍、讲座、会议和商业研讨会中，传递给企业领导的信息无非就是建立企业战略与运营的关系，调整所管理的团队，监控所面临的竞争环境，重振自我价值主张。他们被告知这些是成功的关键。

强有力的执行力无疑是成功的必要条件，但还远远不够。虽然"高层管理焦点"无疑会吸引企业内部高级管理人员、企业内部工作人员、股东、客户和竞争对手的注意力，但会制造一个"盲点"，而这个"盲点"又掩盖了决定企业成败的"依赖"，这就是合作创新风险。

20 世纪 80 年代中期，飞利浦成为这个"盲点"的受害者。当时，它投入了大量资金，在业内率先研制出高清电视。在企业领导的不懈努力下，飞利浦在电视技术领域取得了诸多突破，为消费者提供了人人喜爱的高品质电视画面，远远领先于当时的竞争对手。然而，尽管飞利浦经营良好，消费者好评如潮，但其高清电视却失败了。即使是最辉煌的创新也无法成功，因为其核心创新依赖于其他创新。在本例中，其他创新指的是使高清电视的存在具有意义的高清摄像机。当时还没有出现相应的传输标准，其保持领先地位的努力直到 20 年后高清摄像机最终问世才真正得到回报。

索尼也遇到了类似的"盲点"，赢得了一场毫无价值的胜利。当时，它试图先于竞争对手将电子阅读器推向市场，但推出后发现，在消费者无法轻易获得电子书的市场环境中，电子阅读器毫无用处。

江森自控开发了新一代电气开关和传感器，可以大大减少建筑物的能源浪费，为居民节省大量资金。但他们发现，除非建筑师、电工等人能够转变思维，提升能力，否则创新的价值永远不会实现。

在所有这些案例中，聪明的企业和管理者成功地向市场推出了真正出色的创新产品，但在推出创新产品后，他们以失败告终。这些企业的理解是，他们的成功应该取决于他们是否能够满足终端客户的需求，拥有良好的渠道，超越竞争对手。但这三款创新产品却成了"盲点"的受害者，因为他们看不到自己的成功也取决于"合作伙伴"，他们也需要创新，愿意为自己的努力做出调整来取得成功。

第二节 现代企业合作创新风险案例分析

协作、共创、创新，以及利用他人的努力和才能加速利润增长的声音可以说是与日俱增。许多企业已经找到了"缝合"复杂合作伙伴网络的新方法。为消费者提供超值价值，建立和管理这些创新生态系统的能力将激发客户的惊喜和赞美，以及竞争对手的钦佩和恐惧。然而实际上，对于许多企业来说，这些合作创新的尝试意味着代价高昂的失败，充满了不诚实和失望。这是为什么？因为当企业主要管理人员需要依靠合作伙伴才能取得成功时，他们的成功很容易受到合作伙伴工作进度的影响。当工作依赖于合作时，延误和妥协的可能性就会大大增加。

称职的企业主要管理人员知道，要想取得成功，他们需要把重点放在有才华的客户和竞争对手上，然而实际上，他们往往是合作创新的受害者。尽管企业主要管理人员有许多工具来评估和管理执行风险，他们并不完全理解和依赖与合作伙伴合作的创新。无论合作创新的性质如何，应该把技术放在第一个流程，即技术——组织（需要多部门协同努力的集成销售模式）——创新，这样我们将极大地增加成功的可能性。接下来，我们将使用诺基亚的第三代手机开发案例以揭示合作创新风险的逻辑并找到克服它的方法。

一、20世纪90年代的电信业

第一代商用手机出现在20世纪80年代。这种模拟网络设备体积大、价格高、速度慢，主要用于政府、执法机构和军队。20世纪90年代初，第二代手机通信技术（2G）问世。这个新网络基于数字信号，速度更快，可以传输语音和少量数据。例如，短消息业务用于传输文本消息。2G网络让主流消费者拥有了一部小巧的手机，几乎可以实现随时随地以可承受的成本与任何人通话的愿望。经过5年特定小规模市场的"孵化期"，手机终于进入市场，成为主流产品。20世纪90年代可称为移动通信的全盛时期。行业的所有参与者——电信运营商、基础设施提供商和手机制造商，都在享受创纪录的业务增长和利润，这一切都归功于2G网络这一个历史上最大的技术突破之一。这种现象最集中表现在斯堪的纳维亚半岛，芬兰的诺基亚和瑞典的爱立信两大厂商并存竞争。世界上使用手机的人数呈爆炸式增长，到2000年，移动运营商在全球拥有超过700万消费者。

对于这两家企业中的任何一家来说，当时都是一个好时机。当时，诺基亚CEO 乔玛·奥利拉在任，其移动系统和手机的销量呈现出前所未有的增长趋势，年增长率高达 50%。随着各个领域的新厂商陆续进入市场，市场准入门槛也大大降低。近 70% 的成年人拥有手机，新客户的增长空间不大。他们如何说服消费者花更多的钱购买全新的手机，而不是仅仅用更新的旧手机？诺基亚应该如何保持利润增长？诺基亚的解决方案和业界共识是第三代移动通信技术（3G），不仅可以传输声音，还可以传输数据流。在支持者设想的世界里，消费者可以聊天、看视频、使用互联网。突然，您的手机不仅仅是一部电话。它是一种便携式互联网设备，可以每周 7 天、每天 24 小时连接到万维网。

时任日本领先的移动服务提供商多克莫公司（NTT DoCoMo）总裁立川敬二（Keiji Tachikawa）预测："下一阶段通信服务的增长将超过移动多媒体和基于位置的服务。"他的企业是第一个推出全球 3G 通信网络的企业。

诺基亚位于赫尔辛基的手机部门的执行副总裁兼首席技术官约奥·利沃说："就像个人电脑刚推出的时候，我们没有预见到电子邮件、万维网等流行服务的发展，所以我们不知道 3G 最终会带来什么样的服务。但我们可以肯定，新服务将比 PC 时代推出的更快。"

爱立信首席执行官柯德川也预测，3G 业务将激增，到 2003 年，爱立信3G 业务规模将与 2G 业务相媲美。

在这个勇敢的 3G 新世界中，每个人都是赢家。电信运营商将收取额外费用，这将减少来自语音通信的收入。手机制造商可以出售支持新技术的手机。客户对移动网络的未来感到兴奋。《经济学人》杂志在 2000 年的一篇文章中写道："3G 是历史上发展最快的两种技术的有趣结合，即移动通信技术（到 2003 年可能有 10 亿消费者）和互联网（到 2003 年预计有 4 亿消费者）的结合。"

急于竞标 3G 牌照的电信运营商已投入超过 1250 亿美元，以在欧洲正式部署 3G 频谱。然后他们又花费了 1750 亿美元来建设自己的网络。他们一一升级手机信号塔，提供 3G 网络服务，言语中表达了兴奋和期待。诺基亚也进入了欧洲市场的这场纷争，并推出了首款 3G 手机。它认为，与爱立信的竞争是一场典型的先发优势竞争。运营商和客户会喜欢市场上第一台漂亮的设备。然而，他们专注于比竞争对手表现得更好，却对合作创新的风险视而不见。无论是诺基亚还是整个行业，他们都会意识到，这只是一场竞赛的起点。他们需要在那里等上好几年，直到合作创新者准备好了，盈利的竞赛才真正开始。

二、诺基亚 3G 手机的制造

20 世纪 90 年代初期，诺基亚开始研发 3G 原型产品，当时欧洲已经建立了第一批 3G 交易。企业面临的挑战不断增加，在当时，打造一款能够从一个基站无缝无线传输到另一个基站的 2G 手机并不容易，保持全天供电而且它小到可以放进消费者的口袋。推出功能强大的 3G 手机，手机制造商和整个供应链需要更加大胆地创新。一位观察人士指出，欧洲的 3G 手机押注于高科技的未来。首先，它是最精密的消费类电子产品。要想成功，必须将计算机平台上的丰富应用与灵活多变的手机结合在一起，将所有功能添加到具有多种无线电频率和数天电池寿命的时尚小型机器中，而且要价格公道。

这是一个巨大的挑战，但诺基亚最终做到了。该企业于 2002 年推出 6650 型号手机，使其成为全球第一家同时采用 GSM 和 WCDMA 两种标准（兼容欧洲和亚洲的绝大部分移动通信网络）的 3G 企业。他们举行了热烈的庆祝活动。他们成功推出了该产品。他们击败了爱立信，成为世界第一！

然而，3G 手机与 3G 技术倡导的新世界完全脱节。2000 年，诺基亚预测到 2002 年，将有超过 3 亿部手机接入移动互联网，实际数量仅接近 300 万部（其中大部分属于 NTT DoCoMo，他们使用 DoCoMo 手机，不是诺基亚手机），3 亿元的目标终于实现了，但这已经是六年后的 2008 年了。这种巨大的延迟不仅伤害了诺基亚的市场份额，更痛苦的是，它的收入、利润和业务增长都受到了损害。

诺基亚的错误源于对合作创新风险的根本误解，诺基亚并没有完全意识到优秀手机的成功取决于其他创新的成功，它仍然需要很多不熟悉的合作伙伴来发展 3G，而不是一个新的和更好的手机。

三、风险评估

诺基亚在鼎盛时期是一家卓越的创新企业，但落入了一个现在看起来很清楚的陷阱——"赢了但没有进球"。它怎么会犯这么严重的错误？不是因为投资不够，不是因为缺乏管理动力，也不是因为它没有管理能力，而是因为它把所有的精力都投入运行自己的项目和履行自己的义务上。当然，这是令人钦佩的。但这些义务何时履行取决于其他事态发展。企业主要管理人员的工作"简单"是不够的。要想项目成功，他们必须处理很多事情，并且必须妥善管理，以评估执行风险，即按时、按标准完成项目的难度。企业主要管理人员通常不仅要管理自己的团队，还必须保证其他供应商为该项目提供重要信息。举个例子，3G手机的推出要求诺基亚开发新的信号处理算法。电源管理的新电路设计、新的界面设计等诺基亚可以自己做，但诺基亚仍然需要合作伙伴开发新的芯片组和更多、更高效的内存、电池等。

项目经理经常被特定的要求和截止日期所困扰。他们会尝试在某个时间点缩小实际时间表与所需时间表之间的差异。通过调动、说服、激励合适的人加入合适的团队，匹配合适的资源。这是所谓"执行"的重要标志。诺基亚在所有这些领域都非常成功。它推出3G手机的能力本身就令人印象深刻。在2G的全盛时期，制造商之间成功与否的差异在于创新组件与创新设计集成的难点问题。在这种情况下，只要推出一款续航更长、屏幕更好、更时尚的手机，执行风险的成功管理就可以转化为项目的成功。一款出色的手机只要推出，就会受到移动运营商的青睐，进而被终端消费者接受。

在2G的世界里，制胜法宝既熟悉又清晰，就是按时推出合适的项目，保质保量，领先于竞争对手。但是，在3G网络环境下，手机的价值创造不仅取决于自身的品质，还与大量互补的产品和服务息息相关。这些产品和服务是移动数据愿景的关键推动者。在这里，风险管理的实施是必要的，但还远远不足以保证项目的成功。在3G世界，手机厂商的重要考量不仅是能否成功创新推出3G手机，还有手机厂商以外的市场参与者能否、何时能够成功推出自己的创新产品。

企业成功将创新产品商业化的能力取决于其合作伙伴成功将其创新产品商业化的能力。企业主要管理人员用来评估和管理风险的方法必须改变。

四、管理合作创新风险

对于投资者来说降低合作创新的风险是智能投注的关键。对于企业主要管理人员来讲，考虑合作创新的风险可以为企业主要管理人员开辟新的道路。在做出简单的"通过"或"不通过"决策时，请注意合作创新的风险将影响企业主要管理人员提出战略和管理项目的方式。

如果企业主要管理人员看到至少需要一个合作伙伴，可能会大大降低自己成功的机会。企业主要管理人员会采取一些措施来降低风险吗？显而易见答案是肯定的，他们会增加资源，无论是资金、人才，还是两者兼而有之。这时，需要合理配置资源，补齐短板，而不是简单地加强自主创新。这样才有可能会增加成功的机会。如果企业主要管理人员将成功的概率从85%提高10%到95%，或许可以减少其团队焦虑。如果将最弱一方的成功概率提高10%，这个数字看起来很低，但在默认设置下是成功概率的150%。与专注于自己相比，成功的机会几乎高出三分之一。

此外，企业主要管理人员还可以考虑采取部署资源来吸引多方为同一个项目工作。如果我们有两个合作伙伴为同一个项目工作，并且每一方都有20%的成功概率，则完成该挑战的预期概率将增加一倍。

最后，请记住，这些可能性并不意味着企业的开发工作一定会成功。但随着时间和资源的增加，成功的概率自然会增加。这些概率显示的是一项努力是否会在给定的时间范围内成功。因此，最后一个可以操纵的操纵杆是对时间的期望。选择一个不太紧急的时间可能会损害企业的收入，但它会给企业的创新合作伙伴一个追赶的机会。

当然，在现实生活中，对于成功概率，我们没有机会得到如此准确的数字。但是，我们可以使用简单的风险评级来评估整个系统。当风险评估困难或成本高昂时，这种评估方法可以帮助我们确定最有价值的风险组成部分。

解决难题的关键是确定合作创新的风险和潜在影响。如果企业主要管理人员只关注执行风险，这些影响和选择将难以识别和管理。当我们用更广阔的视野，更清晰地识别合作创新的风险时，我们用来做出战略选择的方法，会发生巨大的变化。

第三节　现代企业采用链风险案例分析

事实上，企业和最终客户之间有许多中间人，经销商同意将产品推向市场，零售商同意进行包装和促销，销售人员同意出售。企业的成功取决于所有这些合作伙伴接受企业的创新产品并意识到它将为他们创造价值。如果这些合作伙伴没有积极参与，企业将无法将产品交付给最终客户。最好的产品何时会失败？当消费者没有机会接触到这些产品时。

在本节中，我们将讨论采用链风险以及合作伙伴在消费者有机会评估所有创新产品价值之前可能采用创新产品的程度。我们已经从合作伙伴是否能够提供企业所需要的合作创新转向他们是否看到创新产品提供的价值不仅有利于最终消费者。正如我们所知，产品卖家和目标买家之间存在天然的紧张关系。这种紧张的根源在于对"价值"概念的误解，即成本与收益的平衡。尽管创新者和客户使用"成本"和"收益"来描述他们如何识别价值，但他们对这两个词的看法却大相径庭。下面将通过案例来进行分析。

一、微软的 Office 2007 软件套装

让我们看一下微软 2007 年首次发布 Office 软件套装时，大多数企业用户认为 Office 2007 比之前的 Office 2003 版本更好，代码质量更高，具有更高的可靠性。微软业务部总裁杰夫·雷克斯说："十多年来，微软的 2007 Office system 完成了最重要的办公产品增强功能。"企业用户使用 Office 2007 的成本和使用 Office 2003 一样高，同样的价格，更好的产品。这似乎是一个明显的好处。但大多数企业决策者却不愿使用 Office 2007，这很糟糕。为什么？

这是由于（总）成本和（相对）收益之间的关系。在考虑"收益"和"成本"时，创新者和客户之间存在差异，忽视这种差异是一场灾难。在谈到"收益"时，创新者主要考虑产品实际提供给客户的内容的绝对收益；但是当客户了解产品的优势时，他们主要考虑的是产品的附加值，即产品与现有替代品的比较，它可以带来的相对好处。这两个群体对成本的理解也不同。创新者倾向于认为他们向客户收取的创新产品的价格是客户成本的决定因素；当客户了解成本时，他们会考虑产品价格加上创新产品的使用成本，如培训成本、设备升级成本等。创新者往往专注于提供这样的新产品——绝对收益高于购买价格，但实际上只有当客户清楚地看到价值剩余——相对收益高于总成本时，才会采用创新产品，这些差异可能会导致两者之间的评价出现差距，从而导致失望。

Office 2007 被市场接受缓慢，因为即使是免费的，但需要付出的总成本高到大多数客户都接受不了。如果你是一家企业的首席信息官，考虑升级办公室，那么你脑子里的"成本"这个概念，就要包括再培训、硬件升级、适应变化的时间等问题。它将大大超过软件的价格。尽管销售代表吹嘘 Office 2007 和 Office 2003 的兼容性为 99.9%，但 0.1% 的不兼容性让客户彻夜难眠。客户不知道 0.1% 的不兼容性会不会影响字体或导致发票系统关键宏指令出现问题，这严重影响新产品的吸引力。可见，风险是成本的重要因素。虽然这些费用根本不包括在创新者的收入中，但在大多数客户看来，Office 2007 的总成本超过了创新产品带来的收益。

最后，促使市场接受 Office 2007 的关键不是与其相关的收益的重大变化，而是随着时间的推移，不兼容问题和软件故障逐步被解决，并且企业遵循计算机硬件更换的自然循环，进行升级换代。因此直到 2010 年下一个版本的 Office 发布后，升级 Office 2007 才变得合情合理。

二、超级耐磨砂轮

耐磨材料是硬质材料，在各种生产流程中它用于成型和抛光软材料。这是一个成熟的工业市场，但市场巨大，2010 年该行业的总收入接近 40 亿美元。

超级耐磨砂轮是一种创新产品，1955 年通用电气第一次使用人造金刚石，当时行业领袖一致认为高耐磨材料将改变整个行业。与传统的"兄弟"（三氧化硅、碳化硅）相比，人造金刚石硬度更高，具有多项优势：更耐用，无须频繁更换修整（整个过程可以夹住砂轮，外层粗糙稳定）；可以在更高的速度下使用；可以提高生产率；可以生产出更好的产品；表面更细，耐磨性更好。但高耐磨材料更贵，比传统砂轮所用材料贵 30 倍，但使用寿命比后者长 100 倍，生产效率高并且对人工干预的需求很低。高耐磨材料可提供更高的整体性能和更高的效率。当时，人们对这个产品抱有很高的期望。然而实际上，尽管超级耐磨砂轮前景广阔，但其在磨料磨具的市场份额仅为 15% 左右。这种创新产品已问世 60 多年。按理说，它最初的卖点和抢占市场份额的能力应该让它成功，但现在却遇到了瓶颈。问题出在哪儿？

超级耐磨砂轮的相对优势是真实而巨大的，但总成本也是惊人的。它们不仅在购买时更加昂贵，而且在使用中也产生了新的成本。为了利用其更快的磨削速度，制造商需要投资购买更高速的磨床（磨削动力机）。更硬的车轮意味着需要更换装载它们的机器。而且速度更快，对砂轮的抛光和平衡精度要求更高，这就意味着需要对企业内部工作人员进行再培训，以提高他们的技术水平。因此，超级耐磨砂轮在进入市场时，除了特定行业，考虑到这一价值主张的总成本，大多数行业都会选择继续使用传统砂轮。

15% 的市场份额是否意味着超级耐磨砂轮是一次成功的创新？成功总是与期望有关。对于那些早期的发烧友来说，超级耐磨砂轮最终仅仅进入特定行业是令人失望的。但成功是一个与时俱进的概念。很多企业对超级耐磨砂轮的总成本和相对收益已经逐渐形成平衡的看法。他们调整了自己的组织结构来重新分配资源并将特定的细分市场设定为明确的目标。对于他们来讲，15% 的高利润行业市场渗透率是一个值得庆贺的事情。

许多创新产品依赖于它们与最终客户之间的中间地带。想想人们的早餐选择。在人们决定是否购买营销人员试图出售的"草莓快乐玉米片"之前，必须有许多市场参与者参与。工厂经理需要决定何时以及如何调整生产以适应新配方，经销商需要同意接受更复杂的产品类别，销售人员不得不说服杂货商签署一份新的报价来分配货架空间（这意味着减少其他制造商的货架空间）。联盟中的每个人都需要就具体的价格和条件达成一致。如果他们中的一个决定不支持新报价，消费者就没有机会购买"草莓开心玉米片"了。

我们接受过"以客户为中心"和"倾听客户"的培训，要尽最大努力"取悦客户"。然而实际上，采用链明确指出，我们只有一个客户是非常罕见的。在这个链条中，哪些客户是最重要的？每个中介都是生态系统的一部分，需要从创新产品中获取盈余。

采用链的逻辑表明，虽然创新产品 A 为最终消费者和整个链条创造了更高的净剩余，但它最终可能会失败。它失败的原因不是最终客户不喜欢它，而是因为最终客户永远没有机会选择它。只要对于零售商来说，采用创新产品 A 使他们比采用其他替代产品更糟糕，那么它就会成为采用链中的"断链"。具有讽刺意味的是，尽管创新产品 B 的价值创造相对较低，但它在采用链中却可能顺利起航。一个更温和但更成功的"多赢模式"比更大盈余但仅在假设水平上的胜利更有价值。

然而实际上，就像合作创新风险一样，认识到采用链风险的来源可能会提供一种有效解决这一难题的方法。一个明智的创新者，以消除"零售商赤字"为愿景，会重新审视"创新产品 A"的商业计划，寻找替代合作伙伴、替代路径，或重新分配采用链中的盈余，为零售商带来正盈余。这些缓解措施本身就是生态系统结构的创新，可以在识别风险的前提下主动管理风险。

如此清晰的内容似乎只出现在理论上。而在实践中，创新者很容易忽视没有直接联系的中介机构的激励和动机。正是因为如此，企业主要管理人员将目光转向内部并专注于更加可控的问题似乎更有吸引力。然而，忽视企业对他人的依赖并不能阻止他们颠覆企业的创新努力。

这里的关键是从一开始就提出的问题：找出采用链的每个环节需要什么，以便使企业主要管理人员的创新产品可以自由流动。这意味着寻找项目面临的限制和困难的问题，而不是寻求支持和未承诺的协议。

如果米其林的创新者真正了解采用链风险的本质，他们可能以完全不同的方式进入市场。

然而实际上，在采用链风险问题得到有效的解决之前草率推出产品所造成的灾难更为严重。只有当企业主要管理人员开始用"广角镜"审视企业的生态系统时，这种灾难性的选择才会尽量被避免。

采用链风险是产品创新与现状之间的一场拉锯战。最关键的挑战之一是说服那些认为"维持现状是好事"的伙伴加入创新者的努力，让他们相信这也会给他们带来积极的价值。有时候，这是一个沟通的问题。

三、数字影院

20世纪90年代后期，好莱坞的梦工厂真的做了一个"梦"。很早以前，查理·卓别林、加里·格兰特、玛丽莲·梦露、朱莉娅·罗伯茨和罗素·克劳等名人都通过相同的赛璐珞胶片技术进入我们记忆中。数字技术使"新魔法"（特效、剪辑、音效）几乎出现在电影制作的每个阶段。尽管旋转胶片卷轴的咔嗒声可能会给观众带来怀旧的微笑。但对于电影制片厂来说，印刷、运输这些实体胶片是一种昂贵、低效的方法。随着科技的发展，数字影院的出现带来了出版、放映和欣赏电影的新方式。

随着整个媒体世界的模拟制式的衰落，向数字影院的转变似乎不可避免。数字化的价值也很明显：更高分辨率的图像质量、更好的版权保护以防止盗窃、编程灵活性、进行3D影像放映的潜力和对电影制片公司来说的"消除"那些昂贵的电影拷贝。将这项激动人心的新技术带给公众需要技术的进步，其中最重要的是开发数字投影技术。为了电影制片公司的发展，1996年推出了第一台商用数字光处理投影仪。

然而实际上，正如我们在之前的材料中看到的，现在谈论一种创新产品的成功还为时过早，因为实现其提供的价值，需要克服合作创新的一系列挑战。推广数字影院所需的合作创新包括"模拟电影数字化"和数据传输及存储能力。这些技术由来已久，1989年出现了数字电视图像扫描仪。它可以快速将电影转换为数字格式。这意味着我们可以使用胶片来拍摄电影，再以数字形式放映。这对电影制片公司来说是一个巨大的优势。因为它省去了说服导演和制片人采用新设备和新技术的麻烦。存储和传输技术在当时也得到了发展，可以将电影拆分成多个文件存储在不同的硬盘中。此外，电影内容可以通过新开发的先进技术有效地在互联网上分发。

1999年2月，《纽约时报》做出预测，"数字放映机可以给电影业带来巨大的变化"。不幸的是，对于电影公司来说，虽然这个惊人的系统是完全可行的，有可能节省数百万美元的成本并增加数百万美元的收入，但经过7年，数字电影技术才真正到来。到2006年底，数字放映技术在美国电影银幕中的占比还不到5%。到2010年底，这一比例达到了40%。为什么这项极具吸引力的新技术需要近十年的时间才能吸引大量粉丝？是什么加速了它的市场份额？答案在采用链中。

在数字影院生态系统中，有几个关键参与者必须采用这项技术，普通影迷才能体验到这些新技术。

当然，大型电影制片公司早就看到了支持和推广数字影院的价值。毕竟，取消胶片的决定也意味着避免了传统胶片每年 10 亿美元的印刷和运输成本，制作一部电影的成本将会降低 2 000 美元到 3 000 美元不等。因此，如果一部电影在美国全国公映（约 3 000 个场景），电影制片公司仅印刷成本就将花费 750 万美元。

数字影院也为业内人士所说的"日常模式"开辟了可能性。传统做法上，来自世界各地的电影都是排期上映的，这使电影制片公司能够控制和降低在世界各地运送大量电影副本的成本。随着数字影院的出现电影可以在任何地区同时放映，为全球观众提供了比观看盗版电影更好的选择。

电影制片公司的发行部门以及独立发行商也将受益于为特定观众剪辑电影的更大灵活性。数字化意味着多个版本的字幕和效果可以轻松适应特定的语言环境。电影院可以通过减少操作和维护投影设备的人数提高经营效率。当然，数字影院对于投影机和设备升级供应商及技术服务人员来说是一个巨大的新收入来源。他们看到了数字化转型的明确价值。电影观众获得并享受更强大的电影体验。更高的清晰度意味着图像更亮、更清晰、更有吸引力。

如果每个人都知道采用数字影院的好处，那么这里存在问题是什么？答案是电影院。因为数字影院确实给他们带来了高收入，但不足以抵消总成本。想象一下，在 2003 年，你是一家独立电影院或连锁电影院的股东，你正在关注这项新技术的发展。数字影院带来了令人兴奋的可能性：你可以轻松调整哪个电影在哪个屏幕上显示，从而充分利用高峰需求播放超热门电影。你还听说过数字影院有直播实时体育比赛和音乐会的可能，这无疑提供了一种吸引观众的新方式。人们甚至谈论 3D 电影会成为主流，3D 电影票价更高，但它只能通过数字投影仪播放。

总的来说，数字影院的相对回报率还是很高的，但总成本也很高。电影院是一个相对微利的企业。历史上，他们的主要利润并非来自门票销售，而是来自剧院配套营业场所经营权的转让。对于大多数影院来说，每块银幕需要 7 万至 10 万元的数字化转换成本，包括购买数字投影仪和配套放映室的软硬件升级，这个成本令人望而却步。此外，传统投影仪的使用寿命为 30～40 年，数字投影仪只有 10 年左右的寿命。再加上，数字电影格式标准的竞争将需要数年时间才能完成。因此，我们很容易理解为什么影院股东会关心这种新的、不确定的技术的日常维护成本。

导演詹姆斯·卡梅隆一直是电影数字化的热心支持者。他说："数字影院和 3D 技术为电影制作人打开了探索新创意领域的大门。现在，在放映领域，是否采用这些新技术完全取决于影院自己的决定。所以，观众有理由选择影院，把电脑和电视留在家里。"像他这样的导演自然会说出这句话，因为对他来说，相对收益远远超过成本。影院方面，蒙大拿州一家小电影院的老板埃隆·皮克里尔（Elon Pickrill）说："我们买不起昂贵的设备，但如果我们不拥有它，当周围的一切都数字化时，我们只好关门了。"。

在21世纪到来的最初几年，这种态度已经在全国影院经营者中产生了共识，导致电影数字化过程中采用链发生重大中断。除非降低由电影院经营者承担的成本和风险，否则观众将无法享受数字影院带来的全新观看体验，而电影制片公司也将无法节省成本。

2002年，迪士尼、福克斯、米高梅、派拉蒙、索尼影视娱乐、环球和华纳兄弟七家主要电影制片公司联合起来，组成了数字电影倡导组织（DCI）。"如果把这个任务留给电影院，它们永远都完不成。"华纳兄弟的一位企业主要管理人员指出。该组织的目标是为数字影院定义一套技术规范。这项工作作为一项科学实验进行了多年。DCI主席朱利安·莱文（Julian Levine）谈及对这项工作的看法时，说："这项工作花费的时间比人们预期的要长一点。"2005年7月，DCI发布了其技术规范并最终有效地解决了该标准。

然而实际上，即使这些技术标准已经到位，影院经营者仍然不愿意采用数字影院。为了抵消采用链风险，在生态系统中引入了另一项创新。有趣的是，在这个技术驱动的过程中，缺失的不是技术创新，而是金融进步。

随着电影制片公司清楚地认识到数字影院的优势，在电影院对数字影院的潜在信心开始淡出之前，电影制片公司一直在努力寻找有效的解决方案。媒体开始称影院为"狂野的西部"，说它们对数字化的发展完全无法预期，如果再不采取行动，有些事情一定会发生。正如美国全国电影业者协会主席约翰·费希安所说："要么他们一起行动，要么（整个项目）就会消失。"

在一个行业中，如果各方之间的联系是非排他性的（每个电影制片公司都会将同一部电影分发给许多电影院；每个电影院都会放映许多制片公司的电影），那么就需要一种各方都认为是公平的方式来分担影院进行数字化改造的成本。

在整个电影行业，这种融资模式——电影制片公司分担影院的数字化改造成本——正在得到回应。"融资比例应与各方享受的利益成正比。"DCI首席执行官查克戈德·沃特说。美国全国电影业者协会曾表达过这样的观点："无论融资计划是什么形式，都必须覆盖全行业。所有主要的电影制片公司都必须支持采用金融实体或金融实体财团，所有其他电影制片公司如果愿意参与，必须能够有机会参与。这将避免分工的噩梦。"不同的电影公司往往有特殊的财务需求，以及放映他们电影的条件。这里的挑战不仅在于同意补贴电影院所有者，还在于找到一种合适的方式来鼓励他们"加入"。

虚拟拷贝费（VPF）计划是一项金融创新，允许电影制片公司补贴使用数字影院的高昂成本。这是通过向生态系统引入新参与者来实现的。基于 VPF 模式的数字影院集成商将不再被迫承担升级和维护设备的成本，而是由新的第三方集成商支付设备的初始成本并帮助进行技术集成和维护。集成商的利润来自与电影院签订 5 ～ 10 年的租约，这部分支出由虚拟拷贝费计划补贴。一部电影通过数字影院的数字系统放映，电影制片公司的电影制作、运输等将节省数千美元。在合同期内，虚拟拷贝费计划可以负担影院 80% 左右的数字化改造成本。合同到期后，电影院会保留设备，这确保了数字影院成为行业标准。

2006 年是向数字影院过渡的一年，美国各地电影院逐渐开始接受数字化改造。2007 年，控制美国近 30% 电影银幕的连锁影院 AMC 娱乐公司、美国喜满客影城和君豪娱乐集团共同成立了"数字影院实施合作伙伴"（DCIP），继续很好地推进大型数字影院的使用。

2009 年，粉丝们在目睹詹姆斯·卡梅隆破纪录的 3D 科幻电影《阿凡达》后，开始意识到现代 3D 产品与 20 世纪 50 年代的噱头完全不同。《阿凡达》首映两个月后，美国票房收入为 6.01 亿美元，其中 81% 来自 3D 票房。迪士尼的《玩具总动员 3》凭借公众对 3D 的热情成为 2010 年最受欢迎的电影。到 2010 年底，38% 的美国电影屏幕（全球近 25%）已经完成了向数字影院的过渡。

然而，数字影院仍然面临阻碍。随着新一代设备的出现，质量控制和兼容性问题可能会出现。此外，数字文件的长期存储也是一个问题。数字文件的长期保存成本明显高于传统胶片。同时，3D 电影的可持续性和附加成本也存在问题。尽管存在这些难题，但数字影院的发展依旧势不可挡。随着模拟放映机安装空间的缩小，相关厂商逐渐放弃了这块市场。可以预见，赛璐珞胶片电影将会像数字音乐时代的实体专辑一样，逐渐成为一个小众产品。

在有效地解决采用链问题时需要采用链解决方案。这不仅仅是简单的干预和投资关键在于以正确的方式进行干预和投资。电影制片公司认为影院经营者是主要瓶颈。所以，他们知道应该以影院老板为中心制定财务计划。

当企业主要管理者注意到采用链风险的现实时，他们将处于更好的位置，能够尽快做出更好的选择。在推出产品之前，聪明的创新者会制定计划，以有效解决采用链每个环节的负回报问题。他们会修改策略，为那些遇到困难的人创造盈余，或者找到解决问题的有效方法，并将产品交付给最终客户。如果他们找不到应对挑战的方法，他们就会思考或许他们放弃这个机会，将资源转移到他们操作清单上的下一个选项，会更有利可图。

第六章 现代企业的开放式创新模式

本章主要从开放式创新模式概述、开放式创新模式在企业创新中的应用、开放式创新模式开放度问题、开放式创新模式应用的建议、中小企业商业模式的创新、开放式创新模式实践——以南方报业的"核变"为例六个方面对现代企业的开放式创新模式进行了论述。

第一节 开放式创新模式概述

一、定义

开放式创新是在全球化发展过程中专业人才的国际流动，使跨区域合作成为可能的新机制，是在知识产权和交易机构逐步完善的背景下提出的。它顺应经济需要和社会发展，是许多学者和商界领袖的最爱。在开放式创新模式下，研发是一个对外开放的系统，将外部技术资源提升到与企业内部技术资源同等重要水平。组织应该有意识地从外部获取技术，并利用内部和外部整合的技术资源来加速组织内部的创新。整体开放式创新为知识的生产、获取和利用提供了一个框架。开放式创新是一个组织为提供广泛的内部和外部创新机会而进行的系统性努力。自觉搜索整合外部技术资源和内部技术资源后，充分利用这些资源来实现创新的效率。通过持续深入的开放式创新理论研究，学术界越来越意识到外部技术资源对企业创新的重要意义。

开放式创新是组织依托内部动态能力，以及外部创新资源，并将其整合贯穿于技术创新的全过程，而最终的目标是完成企业的技术创新工作。

开放式创新的性质包含在创新环境的开放性中。封闭式创新的技术创新时间长、创新投入成本高，以及创新不确定性的高风险对市场变化的适应性较弱。

开放式创新模式下组织范围是开放的，新的想法和必要的技术资源可以从外部渗透到组织中，为企业的技术创新提供诸多优势，如减少研究和创新时间、创新成本分摊、减少不确定性创新风险等，可以帮助组织有效地解决难题。开放式创新与封闭式创新对比，如表 6-1-1 所示。

表 6-1-1　开放式创新与封闭式创新对比

比较内容	封闭式创新	开放式创新
企业边界	封闭的企业边界	开放的边界，技术资源可以流入流出
用人理念	自己聘请最聪明的员工	需要借助外部聪明的人为企业所用
创意来源	主要来源于企业内部	充分利用外部创意资源，并整合内部资源
研发方式	研发中所有步骤全部由企业完成	方式多样：自行研发或合作研发、技术授权、技术并购或技术外包等
合作态度	非合作	合作获取所需技术，向外输出闲置技术
优势来源	研发形成技术专利、市场垄断	快速实现技术突破，技术商业化转化获利
专利管理	严格保护、自行使用	多种管理方式：专利保护、专利授权、专利入股或者专利售出
企业要求	自主研发能力强、技术知识积累丰富、资金雄厚	资源配置能力强、技术协同能力强、组织协调能力强

二、开放式创新模式的优缺点

企业采用开放式创新模式进行创新有四个明显的优势：为企业提供创新所需的新思想等基础材料；为企业带来更高的创新回报；为企业提供衡量创新价值的方法；帮助企业阐明他们在创新方面最擅长的方面。

施密特对 2005 年加拿大创新调查数据的统计分析表明，企业可以通过创新合作获得有价值的外部知识流入并降低创新成本，并快速实现商业应用和创新产品的规模经济。从另一个角度来看，切萨布鲁夫（Chesbrough）等相信采用开放式创新的企业可以实现进攻性动机（如刺激创新以增加利润）和防御性动机（如降低成本和风险）。开放式创新模式是一种整合外部知识和内部创新能力的战略，使企业难以被竞争对手模仿，从而获得可持续的竞争优势。

开放式创新模式为企业如何在动态复杂的新环境中进行技术创新提供了理论依据和指导。随着开放式创新模式的深入发展及其在管理实践中的不断应用，利用开放式创新模式有意识地获取外部思想、流出内部知识，将逐渐成为企业技术创新的常态。但是，目前企业在应用开放式创新获取技术资源方面还存在诸多困难，对开放式创新的系统研究还不够充分。首先，开放式创新受到诸多内外部因素的影响，相互交织，给企业带来新的机遇，同时也给企业带来更大的管理挑战。例如，如何利用外部技术机会，如何避免相关知识扩散对企业的影响等。特别是企业与外部创新合作可能存在一些负面影响，担心失去企业的核心竞争力，如对外部技术的依赖增加、协调成本增加、需要跨境管理技能、被合作伙伴控制等，这意味着企业在确定适当的开放程度方面仍然面临困难。其次，技术创造力和资源可以从外部获得，但企业的技术创新能力无法通过市场购买，短期内也难以通过合作获得。采用开放式创新是否会削弱企业自身的技术研发能力还有待验证。此外，开放式创新只是充分利用外部资源加速企业的技术发展，即利用性创新。如何平衡其与探索性创新的关系也是企业面临的难题之一。

第二节　开放式创新模式在企业创新中的应用

实践出真知，任何理论的提出总是基于实践的经验总结。实践也是检验真理的唯一标准，只有经实践验证的真理才具有普适性。开放式创新模式是美国斯坦福大学切萨布鲁夫教授提出的，也是基于在美国的宝洁、英特尔等大型企业集团的创新实践，现成为知识经济全球一体化时代下企业技术创新的主要模式。国际上壳牌、巴西国家石油公司、GE 等著名跨国企业应用开放式创新模式取得了令人瞩目的成就，中国的腾讯、华为、海尔等企业也充分应用开放式创新模式，取得了较高的创新绩效。这些企业采用开放式创新模式的动因主要包括研发新产品或新技术、开拓新业务、进入目标市场、增强自身技术能力、提高行业技术地位、加快研发进程、降低成本等，采用向外部购买技术专利、实施技术并购、产学研创新合作、创新项目联盟、专利交叉授权等方式，通过全方位、多渠道与外部组织合作提升企业的创新能力以达到企业的创新战略。

本节将以乐高公司的应用为例，介绍企业的开放式创新模式应用。

1932 年，丹麦人奥尔·克里斯蒂安森（Ole Christiansen）创办了乐高公司，至今已有 89 年的发展历史。公司的格言"只有最好的才是足够好的"，至今仍然是乐高公司的第一准则。1934年克里斯蒂安森用"LEGO"（中文意思"玩得好"，音译"乐高"）作为他自己设计的积木玩具的商标。1958年，克里斯蒂安森为乐高发明了可拼插的"凹凸管"设计积木，从而激发了不同年龄段的人都在这个无限可能的世界中发挥自己的创造力和想象力。2012年，乐高制造了457亿块塑料积木和近3.4亿个乐高迷你人偶，这些人偶排列起来的总长度可达7 900公里，可从丹麦连通到达拉斯。乐高公司产品在提供模拟儿童的创造力、想象力和学习能力的高品质产品和体验方面，是佼佼者。乐高积木是儿童最喜爱的玩具之一，形状有1 300多种，每一种形状都有12种不同的颜色，以红、黄、蓝、白、绿色为主，靠小朋友自己动脑动手拼插出变化无穷的造型，主要通过游戏性的活动来鼓励游戏者动手、动脑创作，激发他们的兴趣，并促进团结和共同思考，被称为"魔术塑料积木"。

一、被动式

乐高一直注重内部创新，所有的制度都用来严密地控制企业的产品并保护其知识产权，但是，乐高的这一封闭式创新模式被一个技术高超的消费者所改变。

1998年，乐高公司发布了一款机器人套件（RCX 1.0 版本），其核心是一个称为RCX的可程序化积木，包括了可用于开发小型可定制、可编程的机器人的软件和硬件。RCX具有六个输出输入口：三个用来连接感应器等输入设备，另外三个用于连接马达等输出设备。因为该乐高机器人套件不仅可以像传统的乐高积木一样，任由玩家自由发挥创意，拼凑成各种模型，而且可以让它真的动起来，发布之后吸引了很多成人玩家的注意力。接着，乐高于1999年发布了RCX 1.5 版本，于2001年发布了2.0版本，再加上之前的1.0版本，共三个版本。然而，技术高超的乐高消费者侵入了代码，改造了这个新产品，并且在独立网站上公开了他们的成果。面对此情况，乐高要么选择用法律手段应对黑客，要么选择邀请消费者合作共同开发新的产品和应用。由于诉诸法律维权耗资巨大、费时较长且十分困难，乐高选择了与消费者合作以对该产品进行共同开发。

这是乐高首次意义上与外部进行创新上的合作，但不被乐高内部看好，因为乐高人认为这些外部的成人消费者在开发产品时并不像乐高公司的研发人员一样关注儿童的需求，而儿童才是乐高人认为最重要的目标消费者。为了有效地解决这个问题，乐高公司内部建立了一个专门的审查团队，确保由成人团队及消费者带来的创新符合企业的市场目标，因而，乐高在此阶段被动地与外部的消费者进行着合作，效果也并不显著。

二、主动式

（一）主动与消费者合作

2004 年，约恩·维格·克努德斯托普（Jorgen Vig Knudstorp）担任乐高CEO 后提出要加强与消费者之间的合作创新。他在 2005 年的北美消费者大会上提出"我们认为创新来源于跟消费者团体的对话"，标志着乐高开启了开放式创新的新篇章。此后，乐高的其他企业主要管理人员也开始意识到成人消费者团队开发的创新产品并未超出儿童的接受能力。2004 年 3 月，乐高公司与消费者合作设计乐高工厂的系列项目。在短短几周的时间内，该项目中的消费者所完成的高质量设计就震惊了乐高的研发部门。为了突出乐高玩具的风格，这些成人消费者深入挖掘乐高的产品线，发展出了全新的战略游戏，以及新的模块化建筑标准和专业的软件。这些消费者的创新增强了乐高积木的可玩性，让创造具有前所未有的可能性。这些创新不仅为创新者自身创造了价值，并且让乐高玩家团体变得更加紧密且有活力。乐高从与消费者合作创新的过程中尝到了甜头。自此之后，乐高公司便利用创新型消费者进行新点子或机会的探索，成立了乐高机器人的交流社群，也积极和教师们共同开发课程，现在乐高机器人已经被许多学校用于教学，借以启发学生更多的创意。

（二）加强与消费者的互动

2008 年，乐高创意平台（LEGO IDEAS）在日本推出，2011 年乐高创意平台推出全球版本。通过互联网，消费者在乐高创意平台上进行注册，提交方案说明（通常提交的方案是非常详细的，包括图片、说明）。同时，邀请乐高产品的粉丝对业余设计师的新套件创意进行投票，该创意平台规定任何获得10 000 张选票的创意都会进入乐高公司的审核阶段，由乐高公司决定其是否可以进入生产及推广阶段。所以前期的这个方案征集也是产品上市前的消费者互动、市场调研、预热工作。到目前为止，该流程已创作出十几个可用的套件。乐高也建立了"design by me"的设计平台，让消费者下载软件使其也可将自己的创意上传到乐高的平台中，然后再经过票选，胜出的概念可进入乐高的新产品开发中，最后进行商品化上市贩卖。"design by me"是一个利用群体智慧集结创作的平台，配合开放式创新的政策与相关的知识产权保护，让每一个人都有可能成为产品设计师。乐高运用开放式的消费者共创平台，成功地缩短了产品开发时间，由原来的 24 个月降至 9 个月，同时也大大地提升了消费者的满意度。

（三）积极和外部合作

乐高发现借助外部的研发力量能够缩短开发时间，提高创新效率，如与麻省理工实验室（MIT media lab）合作推出的乐高机器人就给乐高带来了较高的创新收益。另外，乐高也借由利润共享、智财保护等配套措施完善了开放式创新模式。

乐高开放式创新也有利润共享模式，并且成功应用于多个项目中。为了保证利润共享模式的顺利完成，乐高采用了知识产权保护等配套措施。通过分布式共同创造的形式，把志趣相投的各方力量汇聚起来的创新模式是乐高企业的典型代表。

三、开放式创新的原则

乐高通过全球的创意平台及"design by me"的设计平台的创建，在与大量的消费者进行创新合作的过程中，发展出了一套与消费者互动、共同创新的原则，具体体现在以下几方面。

（一）明确创新的规范和行动计划

乐高刚开始与消费者合作时，鲜有对流程的规范和预期，这让双方都感到为难。消费者抱怨在设计产品时被要求考虑成本和复杂度，并且所使用的搭建技术必须要能达到乐高的高标准、严要求。乐高的企业内部工作人员则抱怨这些消费者不受企业规则的控制，而且大多数的成人消费者都有全职工作，只有在工作之余，如晚上才能参与乐高项目，这增加了合作的难度。乐高逐渐明白，需要提供更详细、更明确的合作规范和行动计划来让合作更加井井有条。乐高也发现，相比于不直接参与项目的企业主要管理人员沟通，让消费者与直接参与项目的乐高企业内部工作人员沟通，更能激发消费者的合作积极性。

（二）保证参与乐高的消费者或外部机构获得利益，实现双赢

乐高认为创新合作本身就应是对消费者的一种回馈，形成双赢的心态是重中之重。与设计、开发产品相关的内在奖励往往要比财务上的奖励更有驱动力。意识到了这一点之后，乐高企业回馈给消费者的是开发经验、接近乐高的机会以及乐高产品。不过，对于那些参与长期项目或者更加"全职"的消费者，乐

高给出两种选择，他们可以获得免费的产品或者直接的津贴。乐高发现虽然合作者"效忠"于乐高品牌，但他们同样也被消费者团体的氛围所吸引。实际上，是和其他消费者的友好关系、相互的投入和鼓励，激励着这些消费者持续提升创意水准，探索更新更好的点子。消费者团体不只是乐高企业的延伸，他们是独立的存在，因此，这些参与合作的成员也应被视为热情的、经验丰富的、有才华的个体。

（三）与消费者及外部的合作方式多样化

乐高发现不同的消费者偏好不同的沟通方式，不同类型的创新需要不同的环境。因此，乐高采取创建许多不同的合作平台的方式来应对，如创意平台和"design by me"的平台的建立。如果消费者设计的产品真的商业化了，创新者可以获得净销售额的 1% 作为奖励。2011 年，Mine-eraft 项目仅在 48 小时内就达到了 10 000 票。

（四）尽可能地开放

为了保护企业机密信息和专利信息，企业通常要求合作者签署保密协定。在"乐高大使"项目的最初，乐高也是这么做的。但随后乐高发现，保密协定能够有效防止合作者向第三方泄露信息，但是同样也会带来一些意外的后果——"签约大使"们会非常严肃地对待保密协定，因此也不与其他未签署保密协定的消费者分享信息。如今，乐高更加谨慎地运用保密协定，只将保密协定限定在非常有限的情境当中，从而保障合作者能够在最大程度上与其他消费者互动。

不将合作看作是由企业一手掌控的，而是把它视为同盟之间的持续对话，逐渐地，以上这些原则帮助乐高在平衡企业需求和消费者需求的基础上建立起良性的合作关系，持续向市场推出新的产品。其他企业在应用开放式创新模式时或可借鉴这些原则。

乐高通过创建"乐高创意平台"和"design by me"设计平台，最大范围地与消费者互动，收集消费者的需求信息、创意资源，与消费者进行创新合作以节约创新成本、快速提升创新效率和创新收益，实现与消费者及外部合作者的共赢。

第三节 开放式创新模式开放度问题

一、创新开放度的影响因素

开放式创新并不是封闭和开放非此即彼的简单二元结构。受不同因素的影响，不同的行业和企业具有不同的开放程度。现有的文献对开放式创新模式下创新开放度的影响因素的研究主要集中于企业规模、吸收能力、创新知识的专属性制度等方面，研究方法多采用逻辑推理和案例说明，对创新开放度的影响因素的研究，还没有一致的结论，许多相关影响因素的作用还没能受到足够的重视，也没有得到更好的验证。

目前学术界对创新开放度的影响因素的描述，大致分为以下几类。

第一类是环境因素的影响。创新模式的成功演进离不开组织的具体环境。环境动力的增强是创造开放式创新的重要因素，互联网作为共享平台的快速发展也对开放式创新模式产生了巨大的影响。如果能从外部获得技术，企业会选择直接使用，企业内部的研发重点会放在那些不易获得的技术上，或者说是企业技术的核心竞争力，以便利用这些技术来构建更好的系统和决策。

随着信息技术的进步，互联网的应用范围日益广泛，深刻影响了企业的技术创新方式。企业依托互联网平台，通过跨组织边界的互动机制，利用社会分散的群体智慧，获取更多的技术资源，实现加速创新，这是开放式创新发展的新趋势。

第二类是企业技术特征的影响。举个例子，对于民营企业，当技术不确定性较高时，部分民营企业选择合作研发以降低风险的不确定性，而部分研发能力强的民营企业则基于收购等因素成本和风险可控，而是选择自主研发。当技术不确定性较低时，企业选择的策略往往是外购。威廉·姆森曾从交易成本的角度考虑，如果交易具有高度的不确定性，则适合在组织内部进行。帕维特等人提出技术协会的完善将鼓励更多企业参与跨行业技术多元化战略的实施。

那些走在技术发展前沿的创新型企业，其开放程度更高。组件和产品的技术相关性增加了分工和协作的需求。李继珍在分析应用范围广泛的共性技术无人供应现象时发现，共性技术的相关性高导致单个企业内部创新投资意愿低，因此有必要组建技术联盟，加强大学、科研机构和企业实体共同合作创新，有效解决高相关技术开发的难点问题。在产品和技术相关性强、技术应用广泛、市场变化剧烈的行业，他们更喜欢创新和开放。

二、技术创新开放度影响因素

依据影响因素的来源，技术创新开放度的影响因素大致可被划分为三类，即企业外部因素、企业内部因素和其他因素。技术创新开放度是企业为实现技术创新而向外部获取技术资源的程度，其影响因素的讨论也可以从这三个方面进行分析。开放式创新模式下至少存在合作的两方：一方提供技术和创意，另一方使用技术和创意。那么从开放式创新实现的角度看，至少要满足以下几个条件：存在某项具体的技术或创意；该技术或创意的所有者愿意向市场提供；该技术或创意的需求者能够支付得起转让成本；技术和创意能被需求方利用吸收；存在一个交流合作的场所（或渠道）。

对技术获取企业来说，影响上述条件的因素也是影响其从外部获取资源的程度的因素，主要归纳为以下几个方面。

第一，环境因素。

强有力的专利制度会刺激技术所有者外部授权的意愿，增加技术及创意市场的有效供给，从法制层面保障了技术交易供需双方的权益；互联网的发展为技术供需双方提供了沟通信息和交流合作的场所，拓宽了企业获取所需技术或创意的渠道。因此技术获得的法制环境和网络环境共同构成影响企业从外部获取资源的程度的主要环境因素。

第二，技术因素。

作为技术创新的主要对象，技术本身的属性决定了企业通过市场获取的难易程度，如技术的隐性或显性程度；技术的属性也决定了企业获取成本的高低，如成长期和衰退期的技术获取成本的差异性等，因而，技术本身的特性是影响企业从外部获取资源的程度的一个重要因素。

第三，企业内部因素。

企业对获取技术资源的评价、获取及利用吸收程度取决于企业具有的对获取的外部技术及创意的处理能力，涉及企业内部创新基础性要素的优劣以及其整合效率，即企业内部的创新能力的强弱影响企业从外部获取资源的程度。

综上所述，企业技术创新开放度既取决于创新时技术的特性、内部创新能力，同时又依赖于外部获得环境，并且这几方面都不可能独立地发挥作用。下面将详细分析环境因素（企业技术获得环境）及企业内部因素（企业技术创新能力）。

（一）企业技术获得环境

当市场上新技术的供给量大、获取技术更容易时，技术自然会得到更快的推广。作为一个特殊的商品市场，技术供给市场的完善需要知识产权法律制度的保护。只有当知识产权法律制度能够满足开展创新活动所必需的排他性和安全性要求时，创新者才能从其技术发展中学习，也为交易中的技术知识的购买提供法律保护，防止他们在技术上处于劣势，而遭受不合理的损失，避免或减少从外部获取技术资源的业务风险的负面影响。

互联网的发展及应用，使企业组织边界无限延伸，提高了企业与不同渠道的创新参与者的沟通效率。以社会资源理论来看，网络中广泛的弱链接使得企业能在短时间内获取的技术创意及资源更为丰富且成本低廉，开放式创新产生的交易成本，如搜索成本、信息成本、协调成本大幅下降，开放正效应显现且负效应可控。因此，初步分析法制环境和网络环境会对企业技术创新开放度产生影响，进一步分析如下。

1. 法制环境

作为企业技术获得的法制环境因素，技术知识保护力度不仅包括对技术知识产权制度的建立健全，还包括技术知识保护中执法的严格程度。技术知识产权是指人们对在工业、科学等领域创造的以知识形态表现的成果依法应当享有的民事权利。技术创新与知识产权制度是双向促进关系。技术创新很好地推进了知识产权制度的建立和完善，同时知识产权制度激励了技术创新，即对包括专利在内的知识产权的保护是法律赋予专利所有者的特定时期内的垄断权，使产权人可以通过授权、转让等方式收回此前耗费的研发成本及获得相应收益，形成一个创新的良性循环链，即投入创新——专利获利——再投入创新——再获利，激发技术创新主体持续进行创新。

技术知识产权保护的主要目的是保障产权所有者的利益，并给模仿者增加壁垒，使其在一定期限内不能轻易复制和有效使用智力资产。如果一项技术或知识很难被模仿，如专利被很好地保护，则说明技术知识的专有性很强。通常强有力的专利制度会刺激外部授权的意愿，与程度更高的开放式创新直接相关。而当知识专有性低时，创造知识的企业会选择远离外部合作者从而影响企业技术获取的开放水平。在对软件企业研发外包的案例进行研究后可以发现，软件研发外包企业的知识产权存在较大的被窃取的风险，其主要原因是法律保护或执行不力。当知识产权能够满足开展创新活动所必需的专有性及安全性要求，确保创新者能够从其拥有的技术或专利的外部供应中获得收益，才能保证外部创新的有效供给，这意味着良好的知识产权制度帮助很多拥有有用知识的企业交换创意和技术。技术知识保护的相关法规也为技术购买者提供法律保障。开放式创新情境下，企业通过加强与外部的沟通和合作，从外部获得技术创新及技术资源，与之配套的技术知识保护的法律制度及其严格执法必不可少。

2. 网络环境

互联网技术的发展及信息标准化的实现，使得来自不同地域的网络源头的信息资源也能够快速而便捷地进行内容的集成和有效整合，消费者参与企业的创新在互联网时代得到了鲜明体现。随着维基、谷歌等门户网站及微博、微信等社交工具的应用，网络参与者对互联网的黏性不断增强，其不仅是信息和知识的接收者，还是信息和知识的传播者和创造者，更是成为体验企业新技术、新产品参与企业技术创新的重要来源。

互联网的参与者是创新者。这一观点引申自20世纪70年代由冯希普尔（von Hippel）提出的"消费者是创新者"的观点。消费者创新是指消费者出于利于自己的使用等目的，在对其所使用的产品或工艺的创新中，提出的新设想以及对产品生产商提出的改进建议或意见。来自IT等许多领域的经验研究证实，消费者对企业的创新项目有着非同寻常的贡献，通常起着发明者或合作开发者的作用。

小米手机作为新的品牌手机，号称"互联网手机"，主要原因在于小米手机是基于互联网而诞生的，其研发与营销都借助了互联网技术，特别是与互联网网络消费者进行深度交互以获取创意及实现销售。作为手机中的后起之秀，小米要在苹果、三星、联想等国内外品牌林立的竞争环境中脱颖而出，既需要有性价比高的产品，更需要注入新的产品理念和应用新的营销方式。小米手机的定位是一款高性能发烧级智能手机，主要针对手机发烧友。这类人群有一个特点是对新事物的接受能力强，追求前卫和品质，对智能手机的价格比较敏感。为此，小米手机将提升"消费者的参与感"作为小米科技的核心战略，即让消费者参与进来，成立一个和消费者配合成长的品牌，并做到良好的口碑保证。

小米手机生产由英华达代工，保证质量，号称良心品质。小米手机操作系统则采用自主研发的MIUI系统。小米手机研发人员通过与手机发烧友的持续互动，不断鼓励手机发烧友消费者上传新的手机使用体验及提出改进需求。为了让消费者深入参与到产品研发过程中，小米设计了"橙色星期五"的互联网开发模式，即每周五都会进行系统的更新与升级。在确保基础功能稳定的基础上，小米把收集的来自内部研发团队和小米手机发烧友好的或不够好的想法、成熟的或不够成熟的功能，进行试验并将结果坦诚公之于众。

每周五的下午，伴随着小米橙色的标志，新一版MIUI系统就会如约而至。

随后，小米会在下周二让消费者来提交使用过后的四格体验报告。通过四格体验报告，再次汇总出上周哪些功能消费者最喜欢，哪些功能消费者觉得不够好，哪些功能广受期待，哪些功能需要改变思路。

进行参与感构建，要尽量减少消费者参与的成本以及把互动方式产品化。为了减少参与成本和更适合产品化，小米把MIUI系统每周升级时间固定及用四格体验报告以减少记忆成本。同时，小米设置了"爆米花奖"，奖品是一桶爆米花，以及"大神"的荣誉称号，根据消费者对新功能的投票产生上周做得最好的项目，然后给企业内部工作人员奖励。正是通过MIUI系统研发团队与消费者的深度参与，MIUI系统每周更新实现快速的迭代升级，加入了大量底层代码和适合中国人的交互逻辑，如今的MIUI系统优化已经不再是简单的深度定制安卓，也不仅仅局限于表面的UI，真正成为小米手机的核心竞争力。

开放式创新模式不仅在于技术或产品研发可以获得外部的创意源，在产品商业化应用过程中也可以与外部展开合作以获得更快速的产品应用及推广，快速实现产品的商业化。小米手机不仅借助互联网技术及消费者的深度交互实现了MIUI系统的快速研发和迭代，而且通过互联网营销手段，实现了小米手机面市即到百万级销量的出货，成为行业营销领域的神话。小米通过互联网社交化渠道，目的不仅在于获取消费者信息反馈，还在于将其沉淀为忠诚消费者。在研发MIUI系统时，小米手机系统的研发人员在论坛等网络平台上搭建起和小米消费者"米粉"们紧密联系的虚拟社区，让"米粉"们成为社区的一员或者朋友。在这个网络虚拟社区里，"米粉"们的建议第一时间得到反馈，产生受重视的满足感和使用自己"研发"的产品，彰显自己独特的生活方式，从而对小米产生较深的使用依赖及情感。在小米营销案例中既有基于MIUI产品内部的鼓励分享机制，也有集中资源所做的口碑事件，如小米为最早参与测试的100个消费者拍了一部微电影《100个梦想的赞助商》等。正是这一消费者深度参与的机制，让MIUI系统用户获得了令人吃惊的增长。2010年8月16日，MIUI系统第一个版本发布时，只有100个消费者，凭借消费者的口口相传，在未投入广告，没有做任何流量交换的情况下，一年不到MIUI系统已经有了50万消费者。在不断交互的过程中，消费者不仅使用产品，还会参与改进产品，消费者同时也成了生产者。小米手机于2011年11月正式上市，采用线上销售模式，是世界上首款双核1.5GHz的智能手机。线上的营销主要有三个焦点通道：论坛、微博、QQ空间（当时的微信社交圈尚未形成气候）。小米经过分析发现，微博——对多媒体属性强但消费者关系弱的特性适合事件传播、QQ空间——对多媒体属性强且主要是90后不容忽视、论坛——对消费者关系强适合沉淀老消费者。为此,小米组建了70人的自运营团队,按通道的分歧特征组合使用,其中80%做客服,只要20%做内容。为了增加网络营销的噱头及有效地解决产量不足的问题,确定"红色星期二"专门针对上市不满180天的、需求量很大的商品制定特别的销售时间,而且该策略从小米手机第一代到第四代,后来的红米以及Note系列都是如此,很好地保持了产品策略的一致性,并成功营造了小米手机高性价比的特性。

开放式创新模式下,借助互联网技术发展而创造的互动环境和交流空间,企业与消费者间的交往互动逐步向网络世界延伸,并随着网络世界的参与者种类的增多,互动的对象逐渐广泛,企业可以摆脱合作对象狭窄性带来的技术受控制的风险。包括企业消费者、潜在消费者、技术拥有者(威客等)、技术爱好者(含组织或个人)在内的互联网参与者都可以成为企业的创新源。只要他们有意愿和能力,这些互联网参与者可以突破地理边界及组织边界,冲破身份及任务等约束,成为企业开放式网络创新平台上的创意贡献者和创新参与者。企业可以有意识地构建以自身为中心的网络平台,将内部的技术信息和资源与网络资源相连,利用从网络上获得的技术资源,以及网络上群体间对创新技术及产品达成有效性的共识而最终实现技术创新。因此,网络参与者交互性能会影响企业的技术创新开放度,企业可以通过互联网与网络参与者进行高频度的交互,增强获取技术资源的可能性。

(二)企业技术创新能力

开放式创新模式下,企业应有意识地获取外部新创意,并整合内外部的创新资源以加速企业的创新,这需要企业具备较强的创新能力,对获取的内外部知识进行吸收、整合及再创造,进而实现技术的新突破,获取竞争优势和开放的正效应。当企业的创新能力和获取的外部资源不匹配时,将会出现获取创意数量太多无法管理和吸收,或导致注意力分散问题,企业只能对少量创意配置资源,从而产生开放的负效应。当外部的创新合作伙伴过多时需要企业具备较强的组织协调能力才能避免或减少产生高的协调成本、谈判成本等交易成本。因此,本书认为企业技术创新能力会影响企业选择不同的创新开放度。资源基础理论认为,创新能力是企业整合和重新配置内外部资源,建立核心竞争力应对迅速变化的环境的能力。技术创新能力是为了满足消费者需求而构建的利用内外技术机会对技术进行持续改进并实现新技术的开发的资源和能力。技术创新能力既决定了企业对技术机会的把握和利用，也决定了企业对所需资源的获取以及将此机会转化为新技术的能力，是影响企业创新开放度的重要因素。技术创新能力内涵广泛，包括企业的可利用资源及分配、对行业技术发展的理解能力、战略管理能力、结构和文化条件等。企业的技术创新能力具有情境性，随着开放式创新环境的变化，企业将更强调动态的、外向的以及系统整合的创新能力以适应环境的挑战。

1. 创新资源投入能力

创新资源投入能力是企业为实现技术创新目标对其创新资源进行配置，以使企业能适应激烈的竞争环境并获得可持续发展的基础性能力。创新资源投入主要包括创新人员，特别是高素质研发人员的投入、研发设备的投入及相应的技术信息收集渠道的建设投入等。作为创造、掌握和运用技术的主体，研发人员的配置，特别是高素质的研发人员的配置在很大程度上决定着企业技术创新的成败。研发设备是创新过程中必需的技术条件，研发设备存量是企业引进同领域产品、最大化核心能力的前提，因而研发人员、研发设备是创新中必不可少的资源。"非我处发明"（Not Invented Here，NIH）观点认为，组织内部，特别是技术研发人员会阻碍企业对外部资源的搜寻和获取，企业内部研发人员的创新能力越强，企业从外部获取资源及创意的阻力就越大，越不利于创新绩效的提升。所以，创新资源的投入会影响企业技术创新开放度。本书定义创新资源投入能力是企业为了实施和实现技术创新所投入的研发人员、研发设备的量的总和。

2. 技术知识积累能力

知识积累是指知识的量的增长与质的升华以及结构优化。从资源基础理论核心能力观来看，企业的知识性资源即组织中的积累性学识，是企业的核心竞争力。企业的技术知识积累反映了企业生产知识和进行创新的潜力，是企业在某一特定时点的知识储备水平。企业作为生产性知识和能力积累的载体，其拥有的知识积累状况将决定企业在未来的发展，即企业竞争优势和成长潜力取决于企业掌握的知识的质的高低和量的多少。企业技术知识积累是在技术创新过程中产生的知识渐进性积聚的结果，通常指企业具有的能在市场上有效运用的技术知识和经验存量，代表企业能够有效参与竞争的技术水平，是创新活动最为重要的内在基础。从知识存量的角度看，企业外部的科研机构、大学所拥有的理论形态知识存量较为丰富，这种技术知识趋向于流入技术知识相对贫乏的企业。企业内部知识积累丰富时，通过与外部主体的合作，能比较充分地利用内部知识促进企业绩效的提升，而当企业内部缺乏知识时，与外部主体的合作则在利用外部知识方面更有效。因此，本书认为技术知识积累能力影响企业技术创新开放度，并定义技术知识积累为企业的技术知识和经验存量的总和。

3. 技术协同能力

侯广辉和蔡进兵在分析企业边界和企业能力（吸收能力）时，认为企业的吸收能力会促进企业的边界外部化，使得企业更倾向于选择从外部获取所需要素。克努曾（Knudsen）也认为企业的吸收能力是影响企业创新开放度的主要因素之一。他认为在知识型社会，企业很轻易就能发现外部知识源，但最大的挑战是找到对的合作者，并从中吸收和利用其拥有的新知识。这种吸收能力包括三方面：辨别能力、消化能力及商业化应用能力。显然，Knudsen 所定义的吸收能力是单向且单一的，未能包含企业获取技术时与技术参与者的互动过程和协同作用产生的效应。开放创新过程中，企业与技术创新参与者之间可能存在技术上的大量的反复发起、反馈、吸收的相对复杂的过程。因而，本书提出包含吸收能力在内的"技术协同能力"的概念，以期更全面地描述企业在开放创新过程中应具备的从外界获取资源的能力。协同的理论基础来自哈肯（Haken）提出的统一的系统协同学思想。他认为若系统中各子系统（要素）能很好地配合、协同，多种力量的积聚形成一个总效应，则能达到远超于将原来单个功能加总的新功能。协同的内涵包括了互动、合作，强调的是多个合作的子系统或要素因为相互作用而形成协同效应，因此协同涵盖的范围比合作更广、更丰富。协同创新是指特定区域范围内的企业、大学、政府、科研机构及技术中介机构等，突破单个参与者的边界壁垒，基于互惠共赢的宗旨进行合作创新，以有效集聚并充分利用协同参与者的研发人才、研发设备、技术知识等创新资源。合作创新一定程度上分散了创新风险，有效地降低了技术创新成本，并通过协同参与者的资源互补和共享，弥补了个体创新主体资源的不足，使技术创新的有效协同达到"1＋1＞2"的协同效应。企业合作创新是指创新中相关资源与能力的有机结合，在复杂的、动态的、非线性的相互作用、相互影响下，形成单个要素无法实现的整体协同效应的过程。

塞拉诺（Serano）和菲舍尔（Fischer）认为合作创新的内容可以从整合、互动两个角度来分析，从整合角度的分析包括知识、资源、行动和绩效；而从互动的角度主要是指各个创新主体之间的知识互惠分享，资源优化配置、行动的最优同步及与系统的匹配度。合作创新的主体包括核心企业及与其合作的供应商、采购商、竞争者等多元组织。合作创新的过程就是企业充分发挥技术协同能力实现创新绩效的过程。正如兰托尔（Lanctol）和斯旺布（Swanb）指出的，为了应对全球化的竞争环境，企业应充分利用外部技术和资源。但是如果企业没有一定的内部能力，不可能成为有魅力的合作伙伴，即企业必须加强外部技术内部化的程度和能力，否则无法从外部知识源充分获益。企业只有具备技术协同能力才能更好地优化整合资源，从知识的分享中获取技术信息，从与合作者的反复互动中抓取灵感及新创意，与合作方同步或优先实现技术突破取得较高的绩效。因此，本书认为技术协同能力影响着企业技术创新开放度，并定义其为企业通过与外部组织的协作互动，既获取外部知识又与外部组织共同创造新知识，并产生大于单个创新主体效应的能力。

4.组织创新能力

根据资源基础理论，组织创新能力是企业进行技术创新活动的组织能力，可以理解为企业建立独特的机制或"组织实践"，协调内部各部门获取内外部技术创新资源，实现技术创新目标的能力，包括为技术创新的内部研发和外部获取提供必要支持服务的能力、与外部组织沟通协调的能力等。企业的组织创新能力体现在从技术研发到技术商业化过程中的任何活动中。组织创新能力是企业持续创新和竞争优势的源泉。在开放式创新模式下，企业的技术创新活动是协调内部、外部及相关企业和组织的活动，它涵盖了企业研发、生产、管理等组织的各个层次和要素。其中，最重要的是协调内部各部门实现技术创新的能力。蒂斯等人认为，组织技术创新活动，首先要整合企业内部的资源和流程，然后通过从外部获取互补性资产，从而突破原有的利益关系和固有的官僚思维。这也是克服路径依赖和核心竞争力刚性的关键环节。在动态开放的世界里，企业管理能力的建设尤为重要，包括对资源的控制和组织能力、系统集成能力、研究创新能力等。企业的组织创新能力不同，相应的与外部合作伙伴的沟通方式不同，合作伙伴的数量和质量不同，应对外部资源的方式不同，规避合作风险的机制也不同。因此，本书认为企业组织创新能力从管理层面影响着企业技术创新开放度，并将其定义为企业内部各部门为实现技术创新而进行的协同工作。

第四节 开放式创新模式应用的建议

本书是在应用开放式创新模式下，从企业面临创新开放度的两难困境出发所做的探索式研究，期望找出企业技术创新开放度的影响因素后，构建并实证检验创新开放度影响因素模型，并据实证结果显示的各影响因素的影响方向和影响程度来调整并把握适宜的技术创新开放度，对企业的实践管理做出指导。现提出相关建议如下。

第一，政府部门应完善知识产权法律法规，加大执法的力度，营造有利于合作创新的法制环境。政府应从法制层面切实保障技术交易双方的合法权益，促进社会的技术创新。改革开放以来，我国技术创新能力已有了较大的提升，世界知识产权组织、欧洲工商管理学院（INSEAD）以及康奈尔大学（美国）联合发布的"全球创新指数"（GII）排行榜显示，2014年中国创新能力排在葡萄牙等欧洲发达国家的前面，位居第29名。尽管中国的技术知识积累还不够丰富，但技术软能力较强，中国的部分创新企业已经脱颖而出，并在国际上获得技术竞争优势，如华为、中兴、海尔等。我国可以参照美国、德国等国的经验，在技术创新能力较弱时，国家的技术知识保护采取宽松策略以保护国内的产业成长，但当一些新技术产业表现出良好的发展势头后开始加强知识产权保护，以保护国内创新企业的利益，促进国内企业的持续技术创新。目前中国虽然已制定了相关的措施，但整体而言技术知识保护力度还有待加强（实证数据显示均值较低），这将极大地损害部分国内创新企业的创新积极性，也使得国外的先进技术止步于国门之外。因此，从宏观与政策制定方面考虑，中国政府相关机构应制定、完善及落实技术知识产权保护政策，为开放合作的技术交易保驾护航，真正促进国内外的先进技术的交流、转移及应用，为我国企业技术开放创新迈上新的台阶创造有利条件。

第二，政府应该进一步推进实施"互联网＋"战略，提高公共服务水平。作为互联网内容管理的主体，政府应该发挥政策制定、政策指导和工作协调等重要作用。对于互联网信息内容安全管理，政府应采取有效措施，加强对互联网信息的引导，逐步推进互联网信息发布和网络经营行为规范化。围绕网站内容的建设、论坛管理等，加强对网站工作的指导，加强网络和信息的收集和分析，及时处理违法行为，抑制有害信息的传播。同时，政府必须通过技术手段来维持网络信息秩序。为此，要加强网络管理技术的研究和利用，积极发展先进的网络管理技术，通过技术加强网络和信息管理，维护在线信息秩序，促进互联网的健康发展。例如，发展智能检索、语音识别、数据挖掘、信息防御和过滤等网络技术，增强对网络舆论监测软件开发和更新的支持力度，建立互联网舆论调查平台。加大力度改进网络基础设施，在逐步完善网络数据安全体系和开发利用标准的基础上，开放民生信息与数据，加强信息资源的供给与传播，提高数据利用的有效性和充分性，并保障相关方权益。

第三，企业应更加重视利用互联网实施开放创新。技术获得的网络环境对企业技术开放创新度影响的显著性已经得到证实。企业应支持和推进对低成本、高效率的互联网平台资源进行开发利用，构建异质性创新网络，深入挖掘互联网价值，全面提升核心竞争力。但基于企业注意力等资源的约束，企业应合理配置资源，制定适当的信息检索策略，做到既广泛搜索资源，又紧紧围绕企业的创新战略评估网络信息的相关性及有效性，同时合理利用第三方机构提供的专业信息服务。互联网的快速发展给企业带来了无限的发展机会。那些充分利用互联网及时了解市场需求的变动情况的企业（如海尔等），能够以较低的成本获取大量的技术信息、技术创意等资源，通过建立网络交互平台与参与者进行深度互动，很好地推进新技术的形成，并实现技术的快速迭代以保持持续竞争优势。

第四，企业要掌握创新技术的特性，在开放创新引进外部技术时采取适宜的开放程度。为此，企业必须了解创新技术所处的生命周期、技术的可模块化及可显性程度，并据此来判断企业适宜采取的开放广度及开放深度。通常情况下，企业的技术生命的初期（技术的萌芽期），即高度不确定时，应该采取低的开放广度及高的开放深度；当创新技术的可模块化程度较高时，宜采用高的开放广度及高的开放深度；当创新技术的可显性程度较低时，宜采用低的开放广度。在了解技术特性实施开放创新模式的基础上，企业要合理配置内部资源，发展技术协同能力获取外部技术资源。企业的创新资源不够丰富时，企业可以通过技术购买、技术授权等方式获取外部技术资源，需要广泛接触外部组织及与其合作，适宜高的开放广度及高的开放深度；企业具备丰富创新资源时，仍可以获得外部资源，但不愿与外部组织广泛深入合作，因此宜采取低的开放深度。同时，企业应该在强化组织创新的能力，合理配置创新资源的基础上，加强技术协同能力，广泛与外部组织交流沟通，并在技术购买、获得技术授权及技术合作中充分吸收技术，并将之与自身的技术融合，实现技术的二次创新或新的技术突破。

第五节　中小企业商业模式的创新

对中小企业的开放式创新分析我们需要详细研究这些企业的商业模式创新。因为开放式创新只能被视为帮助企业实现战略目标的一个要素。中小型企业使用开放式创新以新的、更有利可图的方式为客户创造价值。因此，从逻辑上讲，商业模式创新是第一位的。开放式创新的作用取决于它在实现这些战略目标方面的作用。

一、规避陷阱的商业模式创新

许多规模较小的企业都面临着市场同质化的压力。每个产品或技术都有一个生命周期，在某一点价格竞争和同质化将开始成为主导市场动态的因素。当价格竞争成为重要因素时，将会造成激烈的价格战和行业洗牌。中小企业没有实力和规模来打价格战。他们别无选择，只能寻找新的方法，区分他们的产品或服务来抓住新的增长机会。

商业模式定义了企业为客户创造价值的方式。随着价格竞争逐渐占据主导地位，一个行业的金融、商业模式的可行性将被侵蚀。这样，企业就会实施所谓的"战略创新"或"商业模式创新"，寻求为客户创造价值的新途径。商业成功源于满足客户真正的（虽然通常是隐藏的）需求，但客户价值主张也必须为企业创造价值。接下来，企业必须确定掌握哪些关键技能和资源才能实现既定的盈利。成功实现商业模式创新的企业可以在竞争中获得独特的地位，其他竞争对手难以模仿。

研究人员已经制定了许多策略来解释企业如何通过商业模式创新获得独特地位。W. 钱·金（W. Chan Kim）和莫博涅（Mauborgne）提出了蓝海战略。想要避免同质化陷阱的中小企业必须改变现有的商业模式，为客户提供更多价值。与大企业相比中小企业大多根据对理想战略的见解，本能地开发新的商业模式。作者采访的所有中小企业都是开放式的，创新通常嵌入企业的广泛战略目标中。发展这些创新活动只有在企业的整体战略背景下才有意义。因此，在我们深入了解中小企业如何管理和组织开放式创新以及应对这些挑战之前我们先来了解一下中小企业创新的策略。

二、初始商业理念的作用

创建新的商业模式通常需要企业对如何为特定客户群体提供价值具备基本的洞察力。客户价值考虑可能很容易，但也是一个具有挑战性的过程，需要数月甚至数年才能完成。

例如，帝斯曼是一家专注于高性能材料和生物技术的大型创意企业。此前，帝斯曼介绍了一套新开发的生物技术套件，该项目能够为食品、饮料、香水和香精行业开发一些芳香物质，生产成本仅为传统制造技术成本的一半。然而，帝斯曼放弃了这个项目，因为根据公众的估计，相关市场太小，并且企业不打算扩大香水和香精业务。

通常，中小型企业需要很长时间来考虑新商业模式的客户价值。大企业可能希望寻找新的商机，通过深入分析市场趋势，发现新技术的可能性或类似的活动。而中小型企业通常没有内部资源来分析新的增长机会。

总的来说，中小企业要想创新成功，首先要构思和开发一种全新的商业模式。这种商业模式需要简单明了，就像 Isobionics（巴斯夫旗下的荷兰生物技术公司）案例一样。这个案例说明了一个企业用一个生产成本低得多的产品替换了以前的产品的情况，给客户带来的好处是显而易见的。然而实际上，商业模式的概念化和最终确定是一个复杂的过程，完全实施所有细节正如前文所说的，需要数月甚至数年的时间。

三、超越产品和服务的创新

新产品或服务可以通过其他方式为客户创造价值。企业可以提高其产品的功能性和可靠性，为客户提供更多便利，降低成本并降低产品或服务的价格。

派恩与吉尔摩详细分析了如何将"体验"转化为新产品。每个服务的体验是不同的，因为体验不同于有形的产品，体验往往无处不在（如娱乐业），但作为中小企业战略创新的重要驱动因素，体验往往在很大程度上被忽视，无论是制造业还是服务业。随着产品和服务越来越同质化，体验已经成为企业为客户创造价值的下一步努力方向。对于那些规模经济和范围经济正在获得并持续竞争优势的成熟市场，中小企业越来越难以从经营中获利。从下面的案例中我们可以看出，一些中小企业通过将现有产品转化为服务，转化为有价值的消费者在使用产品过程中的感受，实现了盈利增长。

Curana（一家自行车及配件制造商）是一个有趣的例子。挡泥板和其他自行车配件一样是普通产品，但是这家企业使用这些配件使自行车具有吸引力并让消费者喜欢它。许多消费者现在将自行车视为他们生活的一部分。现在，"By Curana"是一个品牌。消费者对自行车制造商施加越来越大的压力，要求他们将 Curana 配件集成到他们的自行车中。Curana 品牌已成为一项战略资产。这是 Curana 企业内部高级管理人员做出的一系列决策的结果。

Curana 的 B"Lite 产品是为一家名为阿塞尔集团（Accell Group）的主要经销商设计的原始设计制造商（ODM）产品。这是一款高科技外观挡泥板，由闪亮的铝条和彩色塑料制成。虽然产品的增长率和盈利能力超出了企业的预期，但 Curana 仍然退出了 ODM 战略。Curana 的创新战略完全是主动的，也就是说，Curana 不等经销商要求，先更新概念，使用新材料，设计制造新配件。为了尽早应对变化，Curana 还推出了先发设计流程，通过探索社会变迁、时尚趋势、技术和材料的新趋势，及时发现自行车消费者和价值链合作伙伴的问题和需求。采用这种先发设计流程的目的是确保 Curana 始终能够创造出不同的优秀产品。这种独特的设计工艺催生了原始配件，深受自行车制造商的欢迎。很快，该企业获得了多项设计和创新奖项。Curana 现在以质量、原创性和诚信来推广其品牌，以进一步巩固其市场地位。

四、中小企业创造价值的方式

当市场需求快速变化时，中小企业将面临挑战。举个例子，20 世纪 90 年代自行车行业的快速变化很快开始威胁到 Curana 的竞争力。为了应对市场变化，Curana 调整了自己的商业模式，采用了 ODM 模式，后来采用了先发制人的设计策略来应对竞争。这种战略调整为产品创造了价值，也为企业带来了不菲的利润。

然而实际上，需求方面的变化有时是渐进的。举个例子，企业越来越意识到开发环保或可持续产品的重要意义，以及保健产品在人们生活中的重要地位。德梵（Devan）的理念是成为纺织化工行业的创新企业，推出对环境危害较小的化工产品。同样，飞利浦 Airfryer 空气炸锅的快速空气循环技术使客户能够炸出比在普通煎锅中炸出的薯条少 90% 油脂的薯条。

市场和消费者行为的变化对于中小企业发现创业机会至关重要。同样，新技术和颠覆性技术进步也为中小企业提供了类似的机会。但是，中小企业在引入外部技术时也面临着很大的挑战，因为中小企业往往缺乏发现、转移外部思想和技术，并有效地将其吸收到企业中的能力。它们必须利用具有相应技术背景的人才，充分理解、吸收和利用大学、研究实验室或公共部门开发的科学技术。

中小企业可以快速响应市场变化和消费者需求变化，为客户提供定制化的产品和服务。这种优势在 B2B（企业对企业）行业尤为明显。举个例子，小型塑料包装企业可以在客户中不断发现新的包装需求，并在创新中不断提供新的包装解决方案。这样，中小企业就可以成为客户的首选供应商。大企业不屑于模仿这种策略，因为定制化解决方案意味着小批量生产或运营。此外，完全定制需要管理和生产部门花费大量时间开发解决方案。

新技术还可以为中小企业提供许多机会。新技术的最初应用往往处于市场边缘或利基市场，而不是主流市场。只有在技术成熟、复杂度显著降低、便利性显著提升后，主流客户才会购买颠覆性产品。创新首先从细微之处开始，它将为中小企业在一个尚处于孕育阶段、无法吸引大企业进入的市场上提供良好的经营机会。因此，以技术为基础的商机的开发不应仅限于大学和企业的项目部门。初创企业可以利用业务管理的灵活性，应用技能或掌握市场动态，将他们从大学和大型技术先进企业获得许可的技术商业化。Isobionics就是这样做的。该企业从帝斯曼那里获得了一项后者不打算使用的技术，而 Isobionics 将这项技术推向市场的速度让技术提供商和投资者都感到惊讶。

一些中小企业通过将它们的产品或服务转化为一种体验来避免同质化竞争的压力。雅凯（Jaga）的首席技术官简·克里克（Jane Cricks）解释了这个想法："Jaga 产品不仅让家的气温变得温暖，而且让家的感觉变得更加温暖、舒服。它还可以温暖你的心。"人们购买 Jaga 作为散热器，是因为他们关心环境，或者是因为他们想把它放进去。这样，散热器的购买就变成了客户价值观、身份和形象的问题。

第六节　开放式创新模式实践——以南方报业的"核变"为例

原子核的核裂变与核聚变可以释放出巨大的能量。科学研究表明，如果 1 千克铀全部裂变放出的能量超过 2000 吨优质煤完全燃烧时释放的能量。利用核能提供能源、发展经济，已经是世界各国重视的大趋势。在管理学界，如何从原子核的核裂变和核聚变中获取启示，发展企业的核心能力，为企业带来"核变"的巨大效应，也成为企业与学界越来越重视的课题。

南方报业从报业集团转变为传媒集团，其模式转变与"核变"不谋而合。围绕着产业链和价值链，集团的转型经历了"核裂变"和"核聚变"两个过程，从多品牌战略向媒体聚合战略转型，从产品运营向产业运营转型，从价值链扩张向产业链扩张转型。目前，多平台的协作运营，传统报业与新媒体的交叉式发展，使得南方报业传媒集团已经成为一个名副其实的传媒集团，可谓进行了一场成功的"核变"。

先动优势理论和品牌竞争理论表明了占得市场先机和打造品牌核心竞争力的重要意义。在南方报业传媒集团的发展过程中，集团通过打造主品牌的核心能力和品牌定位，确定了自身在行业中的竞争优势，获得战略发展的"核心基因"。集团善于从自身的核心能力出发，通过"核聚变"与"核裂变"的战略以及"核变"管理模式推动集团的可持续发展。

一、品牌裂变

南方报业传媒集团的品牌裂变战略始于1984年《南方周末》的创刊。集团通过"核裂变"战略，使集团由"单核"竞争演变为"多核"竞争，建立集团在传媒市场中的"品牌集群优势"，扩大了集团的影响力，成为平面媒体的行业旗舰。在品牌裂变时期，集团在熟悉的平面媒体领域深入发展，对其核心优势和核心资源进行复制整合，从内容和区域两方面孵化出多个品牌，形成了几大报系。这是一种内生发展和差异性发展的模式，主要依靠自身的积累滚动发展。

这一时期的品牌裂变战略，在发展过程中经历了品牌带动阶段和报系运营阶段（表6-6-1）。

表 6-6-1　品牌裂变战略

阶段	孵化品牌		理念
品牌带动阶段	《南方周末》、《海外市场》、《花鸟世界报》、《南方日报》、《南方都市报》、南方报业网等		避免资源内耗，根据需求探索主报与子报间存在的空白市场，形成极具个性和差异化的品牌定位
报系运营阶段	南方周末报系	《名牌》《南方人物周刊》等	从传播内容和受众两个层面进行拓展
	南方都市报报系	《新京报》、《云南信息报》、《江淮晨报》、南都网、奥一网、"南都视点·LED联播网"、"南都视点·直播广东"广播节目、《南方都市报》官方微博群等	挖掘传统媒体优势，跨区域、跨媒体办报，为媒体聚合战略打下良好基础
	21世纪报系	《21世纪商业评论》、《商务旅行》、《理财周报》、21世纪网、21世纪彩信手机报、21世纪WAP手机网站等	拥有最为成熟的运作机制，实现了跨媒体发展的延伸

截至 2011 年，品牌裂变战略使集团最终拥有 12 个报纸、9 个杂志刊物、5 个网站和 1 个出版社等多个子品牌，旗下共有全资子企业 31 家，控股子企业 8 家，还有广东 21 世纪传媒股份有限公司、云南云信报业传媒有限责任公司、广东南方分级阅读文化传媒有限公司等 17 家联营企业。多品牌战略提升了集团的核心竞争力，使南方报业传媒集团成为"报业结构最合理，读者覆盖最全面，综合运营能力最强"的报业集团。同时，也为向品牌聚合阶段的转变打下了良好的基础。

二、聚合战略

随着新媒体的出现，全媒体时代呼之欲出。与此同时，国家出台"三网融合"政策，大力支持优秀媒体跨区域、跨媒体、跨所有制、跨国界发展。数字化时代，内容与媒介的多样性导致市场对媒体资源整合有较高的要求，而南方报业传媒集团原有的多品牌与多平台在各自独立运营的情况下，若长期发展下去，则难以达到新数字时代要求的整合程度。在"核裂变"时期，集团已经打造了多个品牌，而各个品牌重视的是自身的发展，缺乏有效整合，经常会出现重复建设的情况，造成集团的资源浪费。更重要的是，裂变模式下，集团盈利形式单一、盈利能力不足，利用外界资源实现发展的能力也十分欠缺。因此，向全媒体转型既是时代大势所趋，也是南方报业传媒集团自身发展的必然。

全媒体实践具有整合、开发、创新、拓展的功能，主要目标是发挥增值效应，形成新的内容产品和业务增长点。在转型期间，南方报业传媒集团的重点在于文化传播业的八大业务板块——平面媒体、网络媒体、移动媒体、文化出版、文化会展、文化实业、地产项目和传媒公益活动，目标是将南方报业传媒集团打造成为数字化时代国内实力最强、成长性最好、最具影响力和国际竞争力的跨区域、跨行业、跨媒体、跨所有制、跨国界的传媒集团。

全媒体聚合的战略转型不仅仅是媒体形态和媒体品牌的融合，更是从规模经济到影响力经济的转变。集团将传统媒体的内容制造和新渠道、新媒体信息发布的速度与宽度相结合，致力于从"内容提供商"转变为"全媒体信息服务商"，涉及媒体形态的聚合、媒体品牌的聚合和组织管理与业务单元的聚合，主要从整合资源、强力扩张、创新机制三个方面为全媒体转型打下了坚实的基础。

（一）整合资源

作为整个集团全媒体战略的试验，集团以新业务、新平台、新内容拓展业务范围，很好地推进内部的逐步变革以适应外部的变化，逐渐从单一版面销售和劳动密集型模式转型为整合复合式、智力型的销售模式。

2012年，改革开始从表层深入核心，逐步重组内部资源、利益格局，构建全媒体生产关系，进一步提升全媒体运营能力。同时，南都全媒体集群建设了一个报料平台，与南都呼叫中心、网络报料中心对接，覆盖珠三角，统一管理来自各个渠道的线索。素材平台、中央编稿库和"集成＋发布"平台在深加工信息产品的基础上，供记者和编辑共享，保证了信息收集、生产和应用三者之间的双向互动、互融互通。

2010年广州亚运会期间，集团第一次全面正式采用全媒体。11月13日上午8时53分，袁超获武术冠军。集团旗下奥一网南方微博用15秒发出了最快的网络报道；南方报业网、南都网用3分钟独家曝光了袁超的题词；20分钟后，广州街头310平方米的南都LED大屏幕出现了袁超的夺冠英姿，路人驻足观看。这一系列惊人的数字正是媒体品牌聚合成果的缩影。在亚运报道的过程中，集团旗下的网站、报纸、合作电台乃至微博、手机报、LED屏幕等根据自身特点，充分将新媒体的速度优势和传统媒体的公信力及深度优势相结合，为受众提供了快速、全面、多层次的报道。集团的初次全媒体报道获得了圆满成功。媒体形态聚合的成果帮助集团形成了由南都报系数字化改造而延伸出的3D报纸、数字报精华版、邮件版南都新闻、彩信版南都手机报、iPhone+iPad客户端、"南都视点·LED联播网""南都视点·直播广东"广播节目、《南方都市报》官方微博群等构成的传播媒介群。南都全媒体集群包括以《南方都市报》为旗舰的报刊媒体群，以奥一网为核心的跨媒体群，以广东南方都市报经营有限公司、广东省南方都市传媒有限公司以及南都传播研究院为主的跨行业业务群，全面覆盖消费者对信息的即时即地需求和多样化需求，同时满足消费者的互动需求。

全媒体集群的打造，加强了集团旗下各个媒体品牌之间的合作，同时强化了内部资源共享与协同的效应。

（二）强力扩张

跨界合作，有利于促进企业进行产品创新和颠覆性变革，同时扩大企业与品牌在另一个领域的影响力。南方报业传媒集团在实施全媒体聚合战略时，便大胆地通过"四跨"式发展创新了企业产品、品牌和商业模式，进行强力扩张。这"四跨"分别是跨区域、跨媒体、跨行业、跨所有制（表6-6-2）。

表 6-6-2　"四跨"式发展

类别	成就	解释
跨区域	与中国期刊协会合办《商务旅行》	在全国与广东两个维度的跨区域发展,帮助集团深耕平面媒体,扩大、占领全国与区域市场,形成了压倒性优势
	与云南出版集团合办并控股运营《云南信息报》	
跨媒体	与腾讯公司合作推出大粤网	逐步进入网络媒体、移动媒体和其他新兴媒体以及广电媒体,整合并做强做大旗下网络媒体,打造具有集团特色、具备独特竞争优势的六条产品线,形成具有强大影响力的网络媒体集群
	21世纪报系同中央人民广播电台经济之声深度合作	
跨行业	与港铁(深圳)公司联手打造《南都METRO》	在核心竞争力的能力范围内进行多元化发展,试图在图书出版、商务印刷、信息服务等业务领域形成对集团新闻主业有效补充的相关产业集群,构建富有张力和活力的完整的产业链和价值链
	与暨南大学合作建立南方传媒学院	
	与珠海华发集团签署战略合作协议	
跨所有制	在南方户外媒体公司下成立南方新视界户外媒体公司	在运作前三项的过程中,集团与其他所有制企业进行合作

(三)创新机制

在南方报业传媒集团的聚合战略中,实现向传媒集团真正的转变,需要打造文化产业。文化产业属于内容产业,报业原本是文化产业重要的组成部分,但是报业集团在向传媒集团发展的过程中,如果能向文化产业其他领域拓展,将会获得信息资源、内容生产和品牌等方面的优势。以报业为核心,打造全媒体平台,发展多元文化产业,优化产业结构,构建现代大传媒文化产业体系,走向综合性的文化传播集团,是报业集团科学发展、转型升级的一种途径。南方报业传媒集团深谙此道,因此也开始了文化产业的建设。南方报业传媒集团在集中优势资源做强主业的同时,积极把握文化产业发展大机遇,稳步推进文化地产业务。如通过新建写字楼和改造南方日报社原印刷厂房,打造南方传媒文化创意产业园,与中国工商银行广东分行、广东南方广播影视传媒集团、工银国际投资管理有限公司共同签订广东文化产业投资基金组建备忘录等。2012年3月,南方报业传媒集团投资建设南方(揭阳)潮汕文化产业园。园中,粤东服务中心园将建设数字出版展示中心、南方报业粤东总部、南方潮汕金融产业中心，南方潮汕文化创意产业园将建设潮汕民俗文化村、潮汕文化交流中心、配套项目和潮汕名人村等。该园区的建设展现出集团聚合战略在文化产业的尝试，帮助集团增强了整体竞争力。除了与揭阳市政府的合作之外，南方报业传媒集团于2012年协办第二届全国生态旅游文化产业发展高峰论坛，于2013年先后与珠海华发集团、贵阳市政府合作，在文化地产、文化旅游、文化艺术运营等方面探索文化产业的开发。这也势必将为集团的全媒体聚合战略的实施探索出更为广阔的发展前景。

在全媒体转型的过程中，南方报业传媒集团整合印刷、发行、物流、出版等实业，大力拓展地产、信息、娱乐、旅游、体育等关联产业，致力于打造文化传播业的八大业务板块，全力推进从报业集团向传媒集团的转变。

三、转型逻辑

南方报业传媒集团在从报业集团向传媒集团转变的过程中，尤其是在全媒体聚合的战略转型阶段，其三大核心思路是整合资源、强力扩张和创新机制。这种战略转型背后的管理思想体现着"和、变、用"的管理思想模型。党报出身的南方报业传媒集团，可以抓住市场变化，保持强大的市场竞争力，成功地从报业集团"核变"为传媒集团，是基于"和、变、用"的管理思想，将其具化为整合资源、强力扩张和创新机制三大思路，同时注重强化企业文化，最终通过"核裂变"和"核聚变"两大关键战略阶段而实现的。在南方报业"核变"的过程中，"和、变、用"可谓贯穿始终的管理思想，以"和"为前提，对企业愿景、资源和产业抱负进行整合，以"变"为行动指导之根本，大刀阔斧地进行变革，在改革期乘风破浪、大胆求变。在"和"与"变"的过程中，南方报业传媒集团强化企业精神和企业文化的"适用性"，使之成为指导该企业持续革新的动力。南方报业的"和"管理，是保证"核变"转型的前提，打通了企业变革的脉络，是企业成功转型的铺路之石。整合资源是"和"管理的核心举措，从业务单元、人力资源到品牌集群的整合，南方报业传媒集团由内而外进行资源的有效整合。除此之外，平衡新闻理想和产业抱负，进行跨界合作与共享，南方报业传媒集团发挥了"和"管理思想的和谐性和平衡性。用"和"管理思想平衡企业理想、资源和产业之间的关系，其实是保证了企业的内在稳定性和外部和谐性，在"核变"的过程中可以实现软着陆。

南方报业传媒集团的转型最值得称道的是"变"，大胆地进行组织变革，实现华丽的"核变"。企业的组织变革不是一蹴而就的，而应循序渐进，需要基于企业自身的情况进行调整，也需要结合行业的大环境加以斟酌。首先从内部进行组织变革，让组织适应大环境的变化，随后持续不断地完善。南方报业传媒集团的强力扩张、创新机制，都离不开有效的组织变革。也正是通过这些大胆而有力的变革，南方报业传媒集团才真正地实现了转型。如今的南方报业传媒集团，已经从一家传统的党报"核变"成一个庞大的媒体平台。平台，才是当今大企业集团实现产业之梦的归宿。无论是"和"，还是"变"，南方报业传媒集团都没有脱离"用"的管理思想。任何管理变革的实施，都需要考量其结果，在企业内部工作人员进行大量创新的同时，将真正适用、管用的机制推行成为企业内部工作人员行动中的指导规则。而经过 70 多年的发展，南方报业传媒集团能够在社会大潮中安身立命的重要原因，就是其具有适用于行业与时代的新闻精神与企业文化。新闻精神是一个传媒企业存活与延续的根本，南方报业传媒集团的企业文化经过多年沉淀而成，也被证明是能有效影响企业内部工作人员行为和企业发展的优秀文化。在"核变"的过程中，将这些优秀的新闻精神与企业文化不断地进行强化，保证了"核变"过程中士气大振、军心统一，很好地推进了企业转型的成功实施。

（一）"和"

南方报业传媒集团在转型过程中，深刻地体现了具有中国传统特色的"和"管理思想。管理思想之"和"主要包括三个层次：管理的包容性——聚"和"，管理的和谐性——联"和"，管理的共享性——利"和"。南方报业传媒集团的"和"管理主要体现在整合资源上，具体包括新闻理想与产业抱负的平衡、资源的包容与整合、行业内的合作与共享。

1. 新闻理想与产业抱负的平衡

每个寻求行业地位的企业，都会有企业发展的目标。目标管理是一种组织管理模式。其提出者德鲁克认为，管理的原则是在企业中凝结共同的愿景，并充分发挥个人的特长。目标管理将管理的重心从过程转移到结果的输出上来，将战略思想变为可以量化和考核的指标，帮助企业稳扎稳打地前进。

对于南方报业传媒集团来说，"新闻理想与产业抱负齐飞"是集团始终不变的目标。南方报业传媒集团始终紧跟市场需求与环境变化，在每一次重大转折时都能确定具有前瞻性的战略指导方案，并在其指导下提出具体的举措和阶段性目标。

一直以来，新闻理想的实现是南方报业传媒集团经营和管理的灵魂。想要实现新闻理想，就必须坚持报业集团在传媒行业立足的根本。传媒行业所生产的具有社会公共属性的精神型产品，决定了传媒行业在适应市场发展的同时，要确保产品在传播上具有社会公共价值，符合正确的社会公共利益导向。传媒企业，尤其是报业媒体的核心竞争力，主要来自两方面：第一，报纸的内容生产能力；第二，资源结构、产品结构、人才结构的多维结合。就南方报业传媒集团而言，坚持"内容为王"打造旗下各大报纸和杂志媒体的独特品牌生产力，又在整合资源的过程中实现集团在传媒行业与文化产业的产业抱负，进一步强化了"内容为王"带来的生产力。在转型期，这一明确的战略选择对企业下一阶段的发展起到了关键作用，也成为南方报业传媒集团实现企业目标的基础。"敢于执笔直言，坚持舆论监督"的办报传统从企业成立之初就已经成为该企业经营发展的重要思想。"内容为王"是南方报业传媒集团70多年发展过程中一直践行的原则，集团的采编、记者和管理人员对出版的内容都负有责任，力求新闻内容客观真实，把握正确的舆论导向。以《南方周末》为例，70%左右的文章都是深度报道，是记者经过深入调查采访取证才撰写出版的作品，文章报道的主题都是当下群众关注的热点民生问题。南方报业传媒集团坚守着新闻理想的底线，允许记者发稿先网后报，鼓励动态报道，保持新闻的时效性和传播速度；同时，坚持全媒体生产，从原来的传统化平面媒体，转变成各种形态的新闻载体。在追逐新闻理想的过程中，南方报业传媒集团具备长远的市场发展意识，用有高度、有深度、有品质、有创新、有速度、有情趣的"精神产品"来塑造品牌，用品牌优势去占领读者市场、广告市场，提供增值服务，创造品牌价值。无论是1949年办报初期的自办发行、吸纳广告，还是2009年开始的全媒体转型，南方报业传媒集团在70多年的发展中并不满足于做一份报纸、做一个传统报纸的领先者，而是积极地将自己打造成传媒集团，成为传媒文化产业的领先者。

2. 资源的包容与整合

基于成员企业异质性的价值创造是企业集团的一个特征。对于向全媒体聚合转型的南方报业传媒集团来说，这一特质更为突出。集团旗下各报刊网站具有不同的品牌定位和特色，要实现聚合，就必须通过组织内部的结构与流程再造获得协同效应，尤其是品牌间的协同效应，在企业战略的指导下，由企业内部整合的品牌功能形成整体性功能，这将远远超过各品牌功能简单加和。

在转型期间，南方报业传媒集团注重内部资源的包容与整合。包容，是南方报业传媒集团的企业文化四词之一。"包容"包括三个层次的含义：第一，把握正确的舆论导向与积极探索之间的平衡，结果主要体现在内容生产上的正确性与吸引力并存；第二，强调文化的多样与和谐，尊重企业内部工作人员多样的个性，以专业水平作为评判标准；第三，强调多品牌、多元化发展的战略异同，平衡各个品牌之间的关系，使集团的发展处于和谐的状态之中。

在全媒体阶段，集团充分实现了资源的整合，包括业务单元整合、人才资源整合等。

（1）业务单元整合

业务单元整合可以帮助企业优化业务流程，提高业务流程的工作效率。在企业转型与变革期间，业务流程的重组及优化都是提高效率的重要举措。南方报业传媒集团在这两点上做得尤为突出，将多个子品牌的经营进行统筹，并且从内部管理流程上进行优化。在运营过程中，从集团层面进行统筹，注重子单元之间的管理协同。例如，每年统一举办各报刊网站的广告合作联谊会，减少了重复建设；由集团牵头的广告企业合作，在各个报系之间达成战略合作协议，根据各自的特点分配财务预算；重组发行工作，整合转型为更高效的物流配送。在管理方面，集团搭建管理平台与业务平台，帮助企业内部更高效地进行知识转移与共享。管理平台，包括人事系统（优化）、办公自动化、财务、智能管控平台等；业务平台即全媒体的采编及文字、图片、音频、视频的采集平台，经过加工后分发到媒介终端来展示产品，挖掘智能分析的结果。集团通过内部授权等方式来进行管控，进行资源共享。

（2）人才资源整合

集团非常重视人力资源在企业转型过程中发挥的作用，2002年，将原来的人事处改组为人力资源中心，将人力资源管理提升到战略层面，按照现代人力资源管理的原则和要求，再造其组织和工作流程。在这一方面，南方报业传媒集团主要有下面三点突出的措施。

首先，进行人力资源管理信息化系统建设。该系统以企业内部工作人员与岗位基础信息系统为中心，与其他六大部分系统相互联动，同步更新，包括企业内部工作人员招聘与配置信息系统、薪酬管理信息系统、人力资源信息分析决策系统、职业发展信息系统、绩效管理信息系统和企业内部工作人员培训信息系统。集团将人力资源管理过程中产生的基础信息、过程信息和决策信息通过该系统集中收集和分析，实时更新，为集团人力资源管理提供最新的信息保障，提高了人力资源管理工作的效率。

其次，为了发展与集团战略转型匹配的人才战略，南方报业传媒集团坚持构筑"三个一"工程，即凝聚一口气、搭建一个台、提供一架梯。重视企业文化的培育，强化企业文化对企业内部工作人员共同价值观的塑造；为企业内部工作人员创建成长与学习的平台，严格把关人才的选拔，注重对年轻人的锻炼；设立三个职业和职系发展通道；通过集团的上下流动加强对骨干的培养；不限制企业内部工作人员的职业发展，为传媒行业和其他行业输送了大量的优秀人才；建立 21 世纪财经新闻班，注重从在校大学生里培育和发展潜在企业内部工作人员。

最后，集团发展出十分和谐的企业内部工作人员关系。企业内部工作人员关系包括人际关系、权力关系、信息关系、竞争关系和利益关系等。企业在平衡这些关系的过程中，营造融洽的企业内部工作人员关系氛围，才有可能团结一致，谋求发展，取得优势。《21 世纪经济报道》的曹主编将领导与企业内部工作人员的关系总结为"自由平等"，领导对采编人员的新闻理想充分尊重，不能随意撤销采编人员的新闻内容，这一规定充分发挥了企业内部工作人员的创造性思维和专业精神，也是南方报业传媒集团各大子报可以引导社会舆论的重要保证。在提拔企业内部工作人员时，集团更加看重的是企业内部工作人员的专业水平，并且以明确的薪酬管理制度保证企业内部工作人员能以出色的业务能力获得更高的薪酬，保证企业内部工作人员感受到更强的公平感。通过对人才的重视、培育，为人才提供广阔的发展平台，南方报业传媒集团在转型期有力地整合了企业内部的人才资源，培育出业界闻名的记者与采编人员。无论对于哪个企业来说，人才都是企业未来立足于竞争激烈的市场的核心资源，南方报业传媒集团的人才战略无疑具有卓越的引导意义。

3. 行业内的合作与共享

在"核裂变"阶段，南方报业传媒集团催生了许多子报媒体与品牌。为了能让这些品牌形成鲜明的"南方"特色，南方报业传媒集团以品牌报纸为龙头，最终形成了南方周末报系、南方都市报报系、21 世纪报系，让多个子品牌都能较为统一和集中地运营，形成鲜明的品牌形象。

（1）强化数字化传播力

集团各大子品牌纷纷在微博、微信等平台建立公共账号，向广大消费者实时推送新闻短消息。同时，注重打造移动终端的 APP，供消费者在移动终端上集中查看该子报品牌的新闻。例如，《南方周末》主攻智能移动平台，推出了南周阅读器的安卓版，iPhone 版和 iPad 版，成为第一个跻身 iPad 全球新闻资讯 APP 前 10 名的中文媒体，覆盖了 1 200 万主流人群，包括 130 万报纸读者、150 万网站注册会员、300 万移动终端消费者和 600 万社交平台消费者。

（2）媒体品牌的聚合

在单品牌战略和多品牌战略时期，集团积累了丰富的品牌资源。在全媒体转型的过程中，各单位的单个媒体品牌力量缺乏竞争力。为此，集团充分聚合一切相关资源，降低内耗，在全媒体报道的过程中将媒体品牌的聚合深入每一个环节，将各品牌资源进行整合后，统一采访，收集报道素材，再结合报纸、网站、微博等不同媒介形式的特点，选取不同平台进行信息发布，真正将品牌聚合落到实处。

（3）深化联动协同效应

在全媒体转型的阶段，集团注重打造平台，最大化报系之间、采编和经营人员之间的联动协同。首先，集团采取措施以加强各个报系之间在新闻采编和业务经营间的协调互动和资源整合。集团尝试建立了采编联动机制，由集团统一队伍出征采访，采编人员采访后互相交流，根据各报的特点来整理撰写出各自所需的新闻。在经营上，各报系彼此分享各自的经营资源，联合进行市场开发，由集团主导、各子报刊参与，从而节省成本和时间。其次，建立有效的沟通渠道，保障采编和经营人员之间的信息流通。举个例子，南方日报社建立了采编和经营人员共同组成的运营委员会，形成默契联动和协同效应。

（4）跨界合作与共享

南方报业传媒集团在转型期将"和"管理运用到跨界合作与共享中，主要体现为媒体形态的聚合。媒体形态的聚合体现了集团从"平面媒体产品生产商"向"媒体内容提供商和信息服务商"的转变。南方报业传媒集团的转型，是在深耕平面媒体的基础上，实现从规模经济向影响力经济的战略转型，通过跨渠道的延伸业务，拓展多元化产业，从"跨区域、跨媒体、跨行业、跨所有制"四个方面立足于具有优势的传统纸媒，将不同媒体形式聚合起来，并拓展到相关行业，最终形成产业集群。集团整合了与报纸有关的资源。例如在图书出版、商务印刷、信息服务、物流、地产等业务领域形成对集团新闻主业有效补充的相关产业集群。这些都帮助南方报业传媒集团在跨界合作中整合资源，强化自身的核心竞争力，推动集团在传媒产业中进行"核聚变"。

（二）"变"

管理思想之"变"主要包括三个方面：自我超越、顺势而变和持续完善。在向传媒集团转型和向文化产业进军的过程中，南方报业传媒集团面临着前所未有的变化与挑战，不仅要改变内部组织中不适应新形势的环境，也要顺应数字媒体时代的新潮流。南方报业传媒集团在这个过程中不断地审时度势，大胆求变，先从组织内部开始变革，然后顺应产业发展进行变革，最后保持持续地开拓和完善自我。

1. 自我超越——组织变革

企业的发展离不开组织变革。内外部环境不断变化，企业资源的不断整合与变动，使企业面临着不同的机遇与挑战，这就要求企业关注组织变革。为了使集团能够在向传媒集团转型过程中保证内外部资源的协调，南方报业传媒集团积极地进行了内部管理调整，包括组织架构、领导体制、智能管理和业务单位管理体制的变革。同时，集团也开展了核心流程再造的工作。

在进行组织变革时，南方报业传媒集团坚持采编和经营"两分开"的原则，明确管理机构的职能和企业主要管理人员的职责，用制度管人和管事。集团在2008年下半年改革了功能部门，设置了行政管理中心、党群监察中心、战略发展中心、资产管理中心和经营管理中心，根据各自的作用，安排各小组的领导负责。中心的设置更明确了各自的分工，管理更加明确，管理部门的责任也更加明确，有助于改善集团企业的管理结构，也有助于提高功能部门的运营效率。除了设立中心以外，集团还根据业务需要，新设了市场开拓部、投资部、监察部、公共事务部等部门。这些部门的设置更有效地解决了集团改制所产生的经营困难问题，有利于集团实现真正的市场化运营。

在组织内部调整的同时，南方报业传媒集团也重组了核心管理流程，由集团管委会制定战略决策，通过会议、管理制度和工作流程，分解集团年度经营目标，协调各个部门和业务单位之间的职能服务和业务协作。各业务单位根据业务指标，按照采编理念、原则和经营规律进行品牌生产和经营，由集团高层和相关职能部门对业务单位的经营情况、业务单位负责人的履职情况进行年度和责任周期的考核。

同时，为满足集团战略需要，创新运行机制，实现从报办集团到集团办报的经营体制创新，采编分离但分而不断的管理体制创新，引入战略投资者创新了产权制度和战略合作制度，允许部分子报管理人员持股的激励制度等。在全媒体战略下，集团十分重视发挥各个二级单位的积极性，对二级单位的业务经营管理、人力资源管理和资源的使用进行战略授权，使各业务单位具有灵活自主的运作空间。在集团各个报系确立品牌优势，大大扩张和延伸了各自的品牌经营领域和资源后，集团企业为落实聚合战略建立了各业务单位、采编和经营部门之间的协调联动机制，打破部门界限，减少管理成本，节约和优化资源，形成品牌聚合力。在集团进行内部流程再造的同时，旗下各个子报也进行了内容流程再造。以《南方都市报》为例，在全媒体转型过程中，展现出了以"内容流程再造为主"的特色。再造理念，追求快速报道和对信息的多层次加工；实现信息集成，提升效率与综合运营能力；通过建立新闻数据库，智能业务信息交互网等构建对内对外"集成+发布"平台。在内部管理方面，致力于打造以"信息集成中心"为核心的交互型流程组织，并大力培养全媒体人才，为全媒体转型打下了坚实的基础。

2. 顺势而变——渠道创新，抢占先机

先动优势表明，市场的先进入者可以抢先占有各类资源来获得先动优势，包括对市场空间、产品技术空间、消费者偏好空间等资源的抢先占有。先动企业生产的产品通常能够让消费者产生偏好和卖方转换成本，同时也较容易形成行业标准，为企业占得先机。处于转型期的南方报业传媒集团通过实施渠道创新，进行外部扩张、合作与共享，成功地在多方面抢占了市场先机。

在报业集团的时代，南方报业传媒集团在传统的邮局代发滞后、约束报款回收的情况下，果断自建发行渠道、发行系统和报款回收制度，通过自建发行模式，有效地解决了发行渠道过窄和销售滞后的问题。自建发行带给南方报业的不仅仅是销售渠道，更关键的是渠道建立后形成了强烈的市场意识。后来的各子报发行均选择走市场化的发行路径，在"有效发行+自建发行"的基础上，逐渐形成邮局订阅、自建发行、特约发行、分级代理、分区发行等多样化的发行模式。

然而，在全媒体时代，纸质的报刊遭受了冷遇，电子渠道的铺设显得尤为重要。通过加强内容数字化，打造全媒体集群，南方报业传媒集团已经跨行业、跨媒体形成了联动合作，各个子报和品牌也在各大移动终端和互联网铺设了电子渠道。而在电子渠道创新过程中，最重要的两个创新来自移动终端扩展和户外媒体覆盖。

（1）移动终端扩展

2012年，南都PAI的发布，宣告南方报业传媒集团在中国传媒行业的渠道铺设有了巨大的创新，以移动终端设备强化品牌身份。

南都PAI是一款移动终端设备，其应用产品以"南都桌面"为载体，融合了包括南都阅读、南都视觉、南都新闻、南都读书、南都视点等在内的所有南都全媒体数字信息内容，处处体现着"南都"特色。南都PAI的开发改变了以纸作为传统报业主要传播介质的传播形态，弥补了新闻纸在全媒体时代缺乏互动性和立体交互式传播的缺陷，实现了传播介质的革新，大大丰富了传播主体的媒体形态。而实际上，以传统报业为代表的传统媒体向新媒体乃至全媒体的转型，是一场从内容到渠道的重塑。

（2）户外媒体覆盖

南方报业传媒集团积极开展社区广告牌、户外LED显示屏等户外媒体运作，依靠强大的影响力和丰富的报道资源，实现联播互动和信息全覆盖，并开拓了业务范围和盈利来源。

2008年，南方报业传媒集团组建户外媒体部。打造南方报业的LED户外媒体业务。2011年，集团成立南方报业新视界传媒有限公司，并正式成立"南方报业LED联播网"，旨在形成广东省户外最具传播价值、最具影响力的综合信息传播平台。目前，南方报业传媒集团在全国率先形成了"公益＋新闻＋信息＋广告"的LED媒体传播模式，并且可联网和联播。

"南方报业LED联播网"已经成为南方报业传媒集团全媒体转型中的渠道创新关键策略。LED是传播新渠道，可以保证内容的传递，符合中国人口众多的特点，使内容获得快速的传播力。南方报业传媒集团以LED为载体，打造及时滚动的新闻播报平台。从2012年开始，"南方报业LED联播网"每隔7分钟就播报一次新闻资讯，每次包括10条新闻资讯，一天更新3次，每天共计可播报120次。另外，"南方报业LED联播网"也是集团打造的公共信息服务平台，南方报业传媒集团会将其制作的宣传片、新闻节目和公益广告在LED显示屏上播放，很好地引导社会舆论。

移动终端扩展和户外媒体覆盖的渠道铺设，使南方报业传媒集团从传统的报业集团华丽转身。这是利用自身产业特点，结合时代新趋势，创新开发渠道、扩大品牌传播力、提高受众关注度的成功案例，值得其他企业借鉴和创新。

3. 持续完善——资本与产业之梦

无论是深化向全媒体转型的聚合战略，还是拓展多元化的文化产业发展方向，拥有巨额资金的支持才能帮助报业集团在转型期走得更加稳健。近年来，国内各大报业集团纷纷将资本运作摆上重要的位置，采取多种方式进行融资与投资，保证企业资金流的来源。南方报业传媒集团积极开展资本运作，主要包括两方面：一是积极展开融资，同时推进集团或旗下子企业上市；二是探索其他途径的资本运营方式，积极开展股权投资业务。

（三）"用"

管理思想之"用"包括"实用""适用"和"管用"，注重切合企业实际的、实用的、适用的盈利方式和管理思想，保证管理方式对企业的经营管用。

根据以往的成功经验和战略的实际需要，南方报业传媒集团采用"实用""管用"的管理思想与文化，并发挥其效用，为集团在转型期保持稳健增长提供了保障。在经济全球化发展的今天，企业的核心竞争力不再仅仅局限于产品、技术、运营等层面，更受到企业精神与企业文化的深刻影响。强有力的企业文化，能够提高企业的运作效率。支持创新的企业文化能够促使企业内部工作人员产生信赖感，减少部门间的摩擦，使创新活动有效进行。

作为一个社会的传声筒，南方报业传媒集团始终怀有强大的历史责任感与使命感，坚持报道真相的新闻精神。在几十年的发展过程中，南方报业传媒集团逐渐确立了"担当、创新、包容、卓越"的企业文化。正是这样的新闻精神与企业文化，才使得南方报业传媒集团不断追求卓越，做到版面与内容的和谐、人际和谐、战略和谐，通过不断创新保持业界领头羊的位置。

1."实用"的新闻精神

从创刊之初，"敢于执笔直言、坚持舆论监督"的办报传统就已经在《南方日报》生根发芽，后期也成为南方报业传媒集团的重要思想。20世纪五六十年代担任《南方日报》总编辑的黄文俞留下一句成为"报训"的箴言："可以有不说出来的真话，但是不可以说假话。"正是秉承着这种理念，南方报业传媒集团70多年来一直坚持着引导社会正确的舆论导向，关注民生，深得读者的喜爱，从而奠定了南方报业传媒集团在传媒界的地位。

南方报业传媒集团的全媒体内容生产呈现出以下几个突出特点。首先，记者装备齐全，无论是文字记者还是摄影记者都兼顾文字、音频、视频的记录，并"先网后报"，占得先机。其次，集团采用大编辑制，记者、编辑、技术人员通过虚拟的RTX（即时通信平台）各取所需。最后，集团通过全介质传播和海外版《今日广东》与南方英文网将信息传递到了世界每一个角落。与读者和网友的互动进一步扩大了南方报业传媒集团的影响力，获得了更好的传播效果。南方报业传媒集团在全媒体转型时，通过报料平台、素材平台、采编平台、发布平台的联动与共享，为采编人员提供更加全面快捷的新闻内容生产流程，力求新闻内容反映国计民生，符合读者的诉求，通过舆论的引导激发积极的社会行为。

2."管用"的企业文化

媒体企业文化来源于民族文化的传承和发展，在媒体进行新闻报道和经营管理的实践中，逐渐形成了为全体企业内部员工所认可和实践的、具有媒体特征的宗旨、使命、愿景、精神、价值观和经营理念。这些理念在传播和生产经营过程中，是管理制度、企业内部员工道德行为方式和企业形象等方面的综合体现。

南方报业传媒集团在中国市场经济体制、文化体制改革日益深化以及全球化的背景下，在力行改革、传承创新中形成了独特的"南方报业文化"，可以把它概括为四个主题词，就是前文中提到过的"担当、创新、包容、卓越"。

南方报业传媒集团的文化认为，一个媒体要成为优秀的媒体，成为精神产品里真正的中流砥柱，就必须胸怀伟大的历史使命感和强烈的社会责任感。媒体向社会大众提供的不是物质产品，而是新闻、信息及其他精神产品，肩负着舆论导向的重任，影响着社会生活的各个角落。因此，它的担当及它所要承担的社会责任也比一般的企业更为广泛和特殊。南方报业传媒集团开展聚合战略，向全媒体转型，一方面是为了在新媒体的冲击下获得生存，另一方面也是担当着传播中国声音的使命，力求改变"西强我弱"的话语体系，成为有责任、有抱负的媒体走向国际市场。

在"南方报业"文化土壤里，创新是发展的标志。它来源于对媒体社会使命和发展及壮大媒体事业的追求，也是对社会大众需求的敏锐感知，包含着媒体顺势而变的自我审视和领先一步的锐意进取。

包容，就是倡导集团内的"和而不同"。在全媒体时代，包容不仅是新闻内容的导向与探索之间的平衡，企业内部员工文化多样性的兼容，更是母报与子报、内部资源与外部资源的协同。

70多年来，追求卓越的企业文化一直发挥着"管用"的作用，因此，南方报业传媒集团才可以审时度势，大胆地将报业集团从"裂变时代"拉向"聚合时代"。进行全媒体的转型，是南方报业传媒集团一直追求卓越的鲜明表现。

参考文献

[1] 王育琨. 强者：企业家的梦想与痴醉 [M]. 北京：北京理工大学出版社，2006.

[2] 苏小和. 局限：发现中国本土企业的命运 [M]. 北京：中国发展出版社，2007.

[3] 郑必坚. 领先者的密码 [M]. 青岛：青岛出版社，2011.

[4] 陈佳贵. 新中国管理学 60 年 [M]. 北京：中国财政经济出版社，2009.

[5] 田飞跃. 网络经济时代下对企业管理创新的思考 [J]. 中小企业管理与科技（上旬刊），2021（8）：15-16.

[6] 卢晓芳. 探索企业管理模式的创新研究 [J]. 中小企业管理与科技（上旬刊），2021（8）：74-75.

[7] 李颖. 数字经济趋势下产业组织变革及对策 [J]. 商业经济研究，2021（13）：181-184.

[8] 王海华. 大数据背景下企业的经营管理研究 [J]. 商展经济，2021（12）：131-133.

[9] 武晗. 金融体制改革对企业投融资行为的影响探析 [J]. 中国集体经济，2021（20）：86-87.

[10] 马吉智. 新形势下企业经济管理的创新研究 [J]. 中小企业管理与科技（下旬刊），2021（7）：72-73.

[11] 刘丽娜. 大数据时代下的企业财务管理 [J]. 中小企业管理与科技（下旬刊），2021（7）：86-87.

[12] 张双. 企业工商管理效能发挥困境及解决策略 [J]. 中小企业管理与科技（下旬刊），2021（7）：138-139.

[13] 李平. 中国管理本土研究：理念定义及范式设计 [J]. 管理学报，2010，7（5）：633-641.

[14] 李平．中国本土管理研究与中国传统哲学 [J]．管理学报，2013，10（9）：1249-1261．

[15] 梁觉，李福荔．中国本土管理研究的进路 [J]．管理学报，2010，7（5）：642-648．

[16] 林海芬，苏敬勤．中国企业管理创新理论研究视角与方法综述 [J]．研究与发展管理，2014，26（2）：110-119．

[17] 成中英，吕力．成中英教授论管理哲学的概念、体系、结构与中国管理哲学 [J]．管理学报，2012，9（8）：1099-1110．

[18] 杨波．基于 TRIZ 的科技型小微企业管理创新研究 [J]．科研管理，2014，35（8）：93-100．

[19] 张璐，齐二石，长青．中国制造企业管理创新方法类型选择评价：基于 SVM 的多案例实证分析 [J]．科学学研究，2014，32（11）：1747-1753．

[20] 刘追，张志菲，姜海云．"一带一路"建设与中国企业管理国际化：中国企业管理研究会 2017 年会学术观点综述 [J]．经济管理，2018，40（3）：196-208．

[21] 余明阳．中国的商学院向何处去：中国管理教育的深层反思 [J]．管理学报，2012，9（11）：1577-1580．

[22] 尤树洋，贾良定，蔡亚华．中国管理与组织研究 30 年：论文作者、风格与主题的分布及其演变 [J]．华南师范大学学报（社会科学版），2011（4）：86-93．

[23] 韩巍．管理研究认识论的探索：基于"管理学在中国"专题论文的梳理及反思 [J]．管理学报，2011，8（12）：1772-1781．

[24] 黄群慧．改革开放四十年中国企业管理学的发展：情境、历程、经验与使命 [J]．管理世界，2018，34（10）：86-94．

[25] 徐鹏，徐向艺．人工智能时代企业管理变革的逻辑与分析框架 [J]．管理世界，2020，36（1）：122-129．

[26] 徐明民．企业社会责任与企业持续创新关系探究 [J]．中小企业管理与科技（上旬刊），2021（8）：118-119．

[27] 黄露．金融化程度对商贸流通企业创新的影响 [J]．商业经济研究，2021（13）：44-47．

[28] 张娣，田旭．价值网视角下企业营销渠道创新研究 [J]．商业经济研究，2021（13）：75-78．

[29] 荆树伟 . 基于精益管理的企业管理创新驱动机理与关键技术研究 [D].
天津：天津大学，2016.

[30] 李颜 . 强制型、激励型环境规制对企业绿色创新的影响研究 [D]. 上海：
上海师范大学，2021.